だいわ文庫

元FBI捜査官が教える「心を支配する」方法

ジャック・シェーファー／マーヴィン・カーリンズ＝著
栗木さつき＝訳

大和書房

THE LIKE SWITCH

An ex-FBI agent's guide to influencing, attracting, and winning people over

by

Jack Schafer, Marvin Karlins

Published by arrangement with the original publisher,

Touchstone, a Division of Simon & Schuster, Inc.

through Japan UNI Agency, Inc., Tokyo

はじめに――「心を支配する」とは

私は20年にわたり、ＦＢＩ捜査官として〈行動分析プログラム〉に関わってきた。おかげで、すばやく人の心を読みとる能力が身についたうえ、人の性質や行動に関して独自の理解を得るようになった。

ＦＢＩ捜査官の任務は多岐にわたる。母国に対してスパイ活動を行うよう外国の人間をスカウトすることもあれば、犯人を割り出して自白させることもある。そうした任務をこなしているうちに、人に好かれ、信用してもらい、相手を意のままに動かすうえで非常に有効な方法がわかってきた。ひらたく言えば、アメリカと敵対関係にある国の人間ですら、アメリカ側のスパイに寝返らせるテクニックを編み出したのである。

突きつめれば、**「心を支配する」とは「好きになってもらい、信頼されること」に尽きる。**ウラジミール（仮名）の例を見れば、この点をよくおわかりいただけるだろう。

寝返ったウラジミール

ウラジミールは当時アメリカに不法入国し、スパイ活動を行っていた。そして、防衛関係の機密文書を所持していた罪で逮捕された。私はＦＢＩの特別捜査官としてウラジミールの取調べを命じられた。

初めて顔をあわせたとき、彼は「何があろうと、いっさい話すつもりはない」と断言した。そこで私は、この断固とした服従拒否への対抗手段をとった。**彼の正面に腰を下ろし、ただ新聞を読みはじめたのである。**そして慎重にタイミングを見はからい、落ち着きはらった態度で新聞をたたむと、ひと言も発することなく部屋を出た。翌日から数週間、私はこの行為をくる日もくる日も繰り返した。テーブルに手錠でつながれた状態で押し黙っている彼の前に座り、ひたすら新聞を読み続けたのである。

ついにウラジミールが口をひらき、なぜ毎日、自分に会いにくるのかと尋ねた。私は新聞をたたむと彼を見やり、「あなたと話がしたいからです」と応じた。そして彼のことなど無視して再び新聞を読みはじめ、頃合いを見て立ち上がって、何も言わずに部屋を出た。

翌日、ウラジミールがまた口をひらき、なぜ毎日ここにきて、新聞を読むのかと尋ねた。「あなたと話がしたいからです」と私は同じ返事を繰り返した。そして腰を下ろし、新聞をひらいた。

ほどなくウラジミールのほうから「話がしたい」と言ってきた。私は新聞を置き、「ウラジミール、本当に私と話がしたいのですか？　最初に会ったとき、いっさい話をするつもりはないと、断言なさいましたが」と言った。すると彼が、「あなたと話はしたいが、スパイ活動に関する話をするつもりはない」と言った。私はこの条件を呑んだあと、「スパイ活動について話す気になったら、教えてください。いいですね？」と、つけ加えた。ウラジミールは同意した。それから翌月まで、ウラジミールはさまざまな話をしたが、スパイ活動にはけっして触れなかった。

ところが、ある日の午後、ついに「これまでしてきたことを話す覚悟ができた」と明言した。そして堰《せき》を切ったように、諜報活動について詳しく話しはじめた。ウラジミールが正直にのびのびと話をしたのは、強制されたからではなく、私のことを好きになり、「友人」と見なすようになったからだった。

スパイのスカウトもナンパも同じテクニックだった？

私がウラジミールに使った取調べのテクニックは、たいしたことがないように見えるかもしれない。だが私の一挙手一投足は、ウラジミールから自白を引き出し、ひいては協力を得るために慎重に計算し尽くされていた。

本書で私は、ウラジミールを味方に引きいれた手法の秘密を明かしていく。読者のみなさんも同様のテクニックを活用すれば、**一瞬にして信用してもらうことも、生涯にわたって友人として絆を結ぶことも可能になる。**

当初は私も、FBI捜査官として編み出した一対一の社交術が、よもや日常生活にも応用できるとは思っていなかった。それどころか、その事実に気づいたのはFBIの退職を間近に控えた頃だった。

当時私は、若手諜報員にスパイのスカウト法を教える講義を担当していた。講義の初日、私はグループ演習の準備のため、30分早く教室に到着した。すると意外にも、そこにはすでに二人の受講生の姿があった。どちらも見覚えのない顔だ。二人は最前列に静かに座り、デスクの上で手を組み、期待に満ちた表情を浮かべている。講義の開始時刻までにはだいぶ時間があったし、そもそも、ふだんは早めに教室にくる受講生などいない。私は不思議に思い、ずいぶん早く教室にきているね、どういうわけだい、と二人に尋ねた。

「以前、この講義を受講していたティムを覚えていらっしゃいますか。数週間前、ティムと三人でバーに出かけたんです。するとティムが、あなたの講義の話をしてくれました。**人を思い通りに動かし、相手と信頼関係を築く方法**を教えてもらったんだ、と」

「それで……?」私には、話の流れがつかめなかった。

「つまり、どんな女の子だってナンパできるって、ティムが自慢したんです。そりゃ、最初は怪しいと思いましたよ。だから、それなら実際にやってみろと、ティムをけしかけました」もう一人が続けた。

「このバーにいる女性を行き当たりばったりに選ぶから、その娘を僕らのテーブルに連れてこいと、ティムに言ったんです。ただし、ティムはひと言も喋らない。それでも女性が僕らと同席して、一緒に飲んでくれるかどうか、賭けようじゃないかって」

「で、どうなった？」

「ティムは、この挑戦を受けて立ちました。頭がいかれちまったのかと思いましたよ。ところがしばらくすると、その女性が僕らのテーブルにやってきて、ご一緒してもいいかしら、と言ったんです。いまだに信じられません。だけど、僕らは実際に現場を目撃したんです」

私は、からかうように二人を見た。「で、ナンパ法はわかったのかな？」

「いいえ！」と、片方の受講生が大声で応じた。そして、二人で声を揃えた。「だから教えてもらいにきたんです！」

彼らの説明を聞いた私は、いかにも自分の立場をわきまえた人間らしく、この講義の目的は有能な諜報部員の育成であり、ナンパの達人の育成ではないんだよ、と言った。

だが、そのとき、はたと思いあたった。たしかにティムはふざけた賭けに応用したが、**スパイをスカウトするテクニックの中には、異性をデートに誘うときに応用できるものがある**はずだ。いや、それどころかもっと広い意味で考えれば、どんな人間関係においても好意をもってもらい、相手を自分の味方に引きいれたいときにこのテクニックを活用できるに違いない、と。テクニックを悪用するのではなく、円滑な人間関係を築き、可能性に満ちた人生を送るために活用するのであれば、多くの人の役に立つに違いない。この認識を起点として、私は本書の執筆に着手し、あらゆるテクニックを盛り込むことにした。

仕事でもプライベートでも人間関係を円滑にできる戦略

私はＦＢＩを退職したあと、心理学の博士号を取得し、大学で教鞭をとりはじめた。そして、自分が編み出した「心を支配する方法」に細部まで磨きをかけた。この方法をとれば、自宅であろうが職場であろうが、一対一の交流が生じるところであればどこでも円滑な対人関係を育めるようになるはずだ。とくに次にあげる人には必ず役に立つだろう。

- ✓ 販売や営業の仕事に就いたばかりの人は、ゼロからスタートして常連客や顧客を獲得できる
- ✓ 中堅やベテランの営業職の人は、新規の顧客開拓法、現在の顧客との信頼関係を深める方法、このまま良好な関係を維持する方法などを習得できる
- ✓ 金融関係の管理職からレストランの給仕係まで、あらゆるレベルやタイプの仕事に就いている人が、上司、同僚、部下、顧客ともっと有益な関係を結べるようになる
- ✓ 親は子どもとの関係を修復し、維持し、強化することができる

✓ 消費者はよりよいサービスを受けたり、もっと条件のいい取引きをしたり、個人的な配慮を受けたりできるようになる

✓ 友人や恋人をつくるのは、本来、そう簡単なことではない。それでも、本書で紹介するテクニックによって、友人や恋人をつくれるようになる

最新の科学に基づいた「人と親しくなる方法」

人間は社会的動物だ。ゆえに私たちは、生来、他者を求めるようにできている。この欲求は、原初の人類の必要性から生じている。ほら穴から外に出て、敵意うずまく非情な世界で生き延び、食物連鎖というピラミッドにおける地位を高めるために、集団生活を送るしかなかったのだ。

そう聞くと、人と親しくなるのは簡単であり、自然にできることのように思うかもしれない。だが残念ながら、現実はそうではない。さまざまな調査や研究の結果、現代社会では有意義で長続きする信頼関係はおろか、ごく初歩的な対人関係さえ築けず、孤独感にさいなまれている人の数が年々増加していることがわかっている。ソーシャルメディアの台頭により、人と人が実際に顔をあわせ、充実した社交生活を楽しむことがますます難しくなっているのだ。

人と接するのは——とくに初対面の人と接するのは——一筋縄ではいかない場合がある

し、ときには腰が引けてしまう場合もある。そこに男女の差はない。誰だって、不安を覚えることはある。恥をかくのでは、相手にしてもらえないのでは、嫌な思いをするのでは、利用されるのでは、優位に立たれてしまうのではと、不安になることもある。

だが、安心してもらいたい。**本書で紹介するテクニックはどれも、最新の科学的根拠に基づいている。**こうしたテクニックを活用すれば、あなたはひと言も発することなく、または言葉づかいをちょっと工夫するだけで、たちどころに好感をもってもらえるようになる。

自分に有利な人間関係は、運が連れてくるものではないし、あてずっぽうに動いて出会えるものでもない。確立されたテクニックを活用するからこそ、手中にすることができるのだ。人から信用され、相手の心を支配するには、次の三つのステップを踏む必要がある。

1　本書で紹介するテクニックを学び、身につける

本書のテクニックは、電動工具に似ている。いちばん大切なのは、その道具《ツール》に本来の仕事をさせること。子どもの頃、私はよく糸のこで木材を切っていた。ある日、父親が買ったばかりの電動のこぎりを使わせてくれた。ためしに、私は余り木を切ることにした。そして糸のこを扱うときと同じように力をいれ、電動のこ

ぎりを使いはじめた。すると父親が私の肩をたたき、「そんなに力をいれなくていいんだよ。電動のこぎりに仕事をさせなさい」と言った。読者のみなさんが本書で紹介するテクニックを活用するときにも、同様のことを心がけてもらいたい。こうしたテクニックを使ったら、あとはリラックスし、ふだんどおりの自分でいればいい。テクニックに仕事をさせるのだ。

2　**本書で得た知識を、日常生活で活用する**

最善の方法をいくら学んだところで、実際に活用しなければ意味はない。どれほど知識を得たところで、実践しなければその知識はムダになる。

3　**学んだことを継続して実践する**

人と親しくなる技術は、一般的な技術と変わらない。使えば使うほど、上達していくのだ。使わずにいると、すぐに技術を忘れてしまう。

以上三つのステップを踏めば、まるで呼吸をするかのように人から信用され、相手を意のままに動かせるようになる。ぜひ、本書のテクニックを活用し、人間関係からストレスを消し去り、可能性に満ちた人生を送ってもらいたい。

元FBI捜査官が教える
「心を支配する」方法
Contents

第2章 ひと言も話さずに、相手を見抜く

第3章 瞬時に心をつかむ「情報コントロール術」

第4章 人を引きつける「魅力」の法則

第5章

相手を「思い通りに動かす」言葉の使い方

第6章

信頼関係を築く四つの秘訣

第7章

ネット社会の賢い泳ぎ方

第 1 章

〈人に好かれる公式〉のつくり方

あなたが言ったこと、あなたがしたことを、
人は忘れてしまうでしょう。
でも、あなたがどんなふうに感じさせてくれたかは、
忘れないものです。

——マヤ・アンジェロウ

「出会う前」こそ、時間をかける

彼のコードネームはシーガル。アメリカと敵対する国の高位の外交官だ。彼がアメリカのスパイになってくれれば、貴重な情報源になると思われた。

だが、母国と敵対するわが国に、どうやって寝返らせればいいのだろう？　その答えは**「シーガルに好かれてひとりの友人となり、魅力的な提案をする」**ことだった。この戦略を成功させるには、シーガルの私生活に関する情報を丁寧に収集したうえで、彼がアメリカの諜報機関を信頼するように仕向ける必要があった。

そこでまずシーガルの身辺調査を行ったところ、彼が何度か昇進を逃していること、アメリカでの生活が気に入っており、できることなら老後はアメリカで暮らしたいと妻に話していたことなどがあきらかになった。さらには、母国で見込まれる年金受給額が少額であるため、快適な老後生活を送れそうにないと不満をもっていることもわかった。こうした情報を分析した結果、相応の金額を提示すれば母国を裏切らせることは可能だと、FBIの分析官たちは考えた。

しかし、いきなり金額を書いた紙を見せて説得したところで、成功するはずがない。警戒されずに彼に近づき、彼と親しくなり、交渉にもち込む必要があった。

そこで、ＦＢＩ工作員のチャールズに白羽の矢が立った。時間をかけてシーガルと信頼関係を築き、熟成した上質のワインが最高の風味を帯びるように、機が熟した頃合いを見はからって金額を提示するよう命じられたのである。もちろん、ことを急ごうものならシーガルは警戒し、こちらと接触しまいとするだろう。この危険を回避するには、シーガルへの接近をうまく演出し、初対面の相手と親しくなるステップを踏まねばならない。

その第一のステップは**「ひと言も言葉をかわさずに好意をもってもらう」**ことであり、第二のステップは**「その好意を適切な言葉で揺るがぬ信頼へと変える」**ことだった。

シーガルと最初に言葉をかわすという、計画全体のカギを握る重要な「出会いの場」を設けるのに、数カ月間の準備を要した。まずは見張りによって彼の日常の行動を把握した。すると、シーガルが週に一度、大使館の建物から2ブロックほどのところにある食料品店に歩いて買い物に行くことがわかった。そこでチャールズは、大使館から食料品店までの路上に、毎回場所を変えて立つよう命じられた。ただし、けっしてシーガルに近づいてはならないし、彼をおびやかすような行動をとってはならない。**ただ路上に立ち、シーガルに姿を見られるようにしろ**、と指示されたのである。

母国で諜報員の訓練を受けていたシーガルは、ほどなくＦＢＩ捜査官らしき人物の存在に気づいた。当然の話だ。チャールズはこれ見よがしに路上に立っていたのだから。

とはいえ、相手がなんの行動も起こしてこないうえ、こちらに話しかけてくることもなかったので、シーガルはなんの脅威も感じなかった。そして、食料品店までの道すがら、このアメリカ人を見かけることに慣れていった。

近距離に居合わせる経験を数週間続けた後、シーガルはそのアメリカの諜報員らしき男とついに視線をあわせた。チャールズは軽く会釈し、シーガルを認識していることを態度で示したものの、それ以上の関心は示さなかった。

それからまた数週間、同じことを繰り返した結果、チャールズは言葉を使わずに態度やしぐさだけでシーガルとの交流を深めていった。**アイコンタクトをする、眉尻を上げる、頭を傾ける、わずかに会釈する。**これらはどれも**脳が「親しみを感じている合図」と解釈することが科学的に論証されているしぐさ**だ。

２カ月後、チャールズは次の段階を踏んだ。シーガルのあとを追い、彼が通っている食料品店に入っていったのである。とはいえ、シーガルとは距離を置き、近づこうとはしない。

その後も、シーガルが食料品店に入るたびに、チャールズも後から入店した。そして通路でシーガルとすれ違ったり、視線をあわせる時間を長くしたりした。ほどなくチャールズは、シーガルが買い物のたびに豆の缶詰を買うことに気づいた。こうして新たな情報を集めつつ、その後も数週間、同じことを繰り返した。

そしてついに、いつものようにあとを追って食料品店に入ったあと、チャールズはシーガルに声をかけ、自己紹介をした。シーガルが豆の缶詰に手を伸ばすと、その横の缶に自分も手を伸ばし、きっかけをつくったのである。そしてシーガルのほうを向き、「こんにちは。私はチャールズ、ＦＢＩ捜査官です」と名乗った。

シーガルは笑みを浮かべ、「そう思っていましたよ」と応じた。こうして穏やかな出会いをはたした二人はその後、親睦を深めていった。そしてとうとうシーガルは、このＦＢＩの友人に力を貸し、定期的に機密情報を提供することに同意したのである。

この例では、シーガルを口説き落とすまでに数カ月をかけた。シーガルをスパイとしてスカウトするにあたり、慎重に作戦を練りあげ、それを実施したのである。二人の男がしだいに心を通わせられるよう、心理学的に周到な演出をしたからこそ、普通の状況であればけっして生じないであろう信頼関係が二人の間に生じたのだ。

私は当時ＦＢＩの〈行動分析プログラム〉のメンバーとして、外交官のシーガルをスパイにスカウトするシナリオを同僚と練りあげた。もっとも大切なのは、**シーガルがＦＢＩ捜査官のチャールズと一緒にいることに、なんの違和感も覚えないようにする**ことだった。そうすれば、チャールズはスムーズに自己紹介ができるし、好印象を与えられれば、その後も交流を続けられる。だがもちろん、この目的を達成するのは容易なことではない。なにしろシーガルは母国で高度な訓練を受けた諜報員であり、少しでも疑わしい人物がいないかどうか、常に神経をとがらせていたからだ。

最初に挨拶をしたとき、二人が自然に会話をはじめるためには、シーガルがアメリカの捜査官がそばにいてもプレッシャーを感じないようにしておく必要があった。そのために、チャールズは綿密に練られたステップを踏んだ。そして実際に、計画はうまく運んだ。シーガルを味方につけるためにチャールズが踏んだステップは、あなたが人と——短期であろうと長期であろうと——親密な関係を築くうえでも役に立つものだ。

この「シーガル作戦」の例を見ながら、チャールズが〈人に好かれる公式〉を活用し、信頼を獲得していった段階を説明していこう。

〈人に好かれる公式〉のつくり方

〈人に好かれる公式〉は「近接」「頻度」「持続期間」「強度」という四つの要素で構成されている。

近接＋頻度＋持続期間＋強度＝人物の好感度

「近接」とは、相手との距離感である。「シーガル作戦」では、チャールズはただツカツカと相手に近づいていき、自己紹介をしたわけではない。そんな真似をしたら、シーガルは即座にその場から立ち去っていただろう。チャールズはもっと慎重な方法をとり、自分の存在にシーガルが「慣れる」よう時間をかけた。

あらゆる交友関係において、「近接」は欠くことのできない要素だ。**そばにいる回数が増えれば、相手はあなたのことを好きになりやすいし、互いに引かれあうようになる。**たとえ言葉をかわさなくても、近くにいるだけで互いに共感を覚えるようになるのだ。

ただし「近接」は、安全な場所で節度をもって活用する必要がある。他人があまりにも近づいてくれば落ち着かない気分になり、人は自分の身を守るべく、その相手と距離を置こうとするだろう。そして、その場から立ち去るなどの行動をとる。

だが「シーガル作戦」では、チャールズはターゲットのそばにはいたが、安全な距離を保っていたため、「警戒すべき人物」という印象を与えなかった。だからこそ、「闘うか逃げるか」の二者択一を迫るような身体反応である「闘争・逃走反応」(fight-or-flight response)を引き起こさずにすんだのである。

「頻度」とは、相手と接触を重ねる回数であり、「持続期間」とは、相手と一緒に過ごす時間の長さだ。チャールズはしばらくすると、〈人に好かれる公式〉における第二と第三の要素、すなわち「頻度」と「持続期間」を活用した。彼はシーガルが買い物に出かけるルートに頻繁に立ち、シーガルが彼を見かける回数を増やすようにした(頻度)。数カ月後、今度はシーガルのあとを追って食料品店に入り、そばにいる時間を徐々に長くしていった（持続期間）。

「強度」とは、言葉で、あるいはしぐさや態度などで、相手の望みをかなえる程度を指す。この「強度」を利用して、チャールズは少しずつシーガルに「このFBI捜査官らしき男は、どうして自分に接触してこないのだろう」と、疑問をもたせた。こうして、自己紹介するだけでシーガルの「好奇心」を満たし、結果として「強度」を高めることができたのだ。

環境に新たな刺激が加わると（この場合は、シーガルの日常生活に見知らぬ人間が入り込んだ）、脳はこの新たな刺激が脅威であるか否かを、判断しようとする。そして、それが脅威だと判断すれば、闘争・逃走反応によってとりのぞくか無力化しようとする。反対にそれが**脅威ではないと判断すれば、今度は好奇心をもつ**。そして、その刺激のことをもっと知りたいと思う。いったい、この男の正体はなんなのだ？　なぜ、ここにいる？　この男をどうにかしてうまく利用できないものだろうか？

チャールズは、安全な距離を保ったまま行動していたうえ、じっくりと時間をかけていた。だから、シーガルに脅威を感じさせることなく、好奇心をかきたてることができた。その結果シーガルは、チャールズが何者で、何を望んでいるのか、知りたいと思うようになった。

のちにシーガルはチャールズにこう語った。君がＦＢＩ捜査官であることは、ひと目見たときからわかっていたよ、と。真偽のほどは定かではないが、いずれにしろシーガルは、**チャールズが身ぶりや態度で送っていた〈好意シグナル〉を受けとっていた**のである（好意シグナルについては次章で説明する）。

この男はＦＢＩ捜査官に違いない。そう判断すると、シーガルはいっそう好奇心をつのらせた。自分をスパイとしてスカウトしたいのだろうと見当をつけてはいたものの、どんな任務を依頼したいのか、どのくらいの報酬を提示するつもりなのかはわからなかった。

このときシーガルは、母国の組織の中で昇進できないことを不満に思っていたし、すでに退職も控えていた。このＦＢＩ捜査官らしき男が接触してきたら、アメリカ側のスパイに寝返り、まったく違う老後生活を選ぶのも悪くない、そんな考えがシーガルの頭をよぎっていたはずだ。

アメリカ側のスパイになるという決断は、一夜にしてなされたものではなかった。スパイとしてスカウトされた人間には、充分に考える時間が必要となる。合理的に人生の戦略を練り直し、まったく別の国家に忠誠心を向けるという気持ちの切り替えをしなければならないからだ。

だからこそ「シーガル作戦」では、母国を裏切ってもかまわないという気持ちを芽生えさせるまでに時間をかけた。そしてシーガルの想像力が、この芽に栄養を与え、成長させ、開花させた。シーガルはまたこの期間を利用して、アメリカに残ろうと妻の説得にあたっていた。だからこそチャールズに声をかけられたとき、脅威が迫ってきたとは思わず、チャールズを「希望の象徴」と見なした。これからはじまるよりよい生活への希望を、彼に託したのである。

「FBIに協力しよう」と決断してから、彼はチャールズが接近してくるのをひたすら待った。**待っている時間は、まるで拷問にかけられているようだった**と、シーガルはのちに語っている。「なんだって、このアメリカの捜査官は、いつまでたっても行動を起こそうとしないんだ？」と考え、好奇心が爆発しそうだったという。そのため、ようやく食料品店でチャールズから声をかけられたときには、「どうして、これほど時間をかけたんです？」と尋ねたほどだった。

「持続期間」は人格にも影響する

持続期間には、独特の性質がある。**一緒に過ごす時間が増えるほど、相手の考えや行動から影響を受けるようになる**のだ。長時間、師匠と一緒にいる弟子はそれだけ成長する。反対に、卑しい考え方をする人と長く一緒に過ごしていれば、否が応でも悪影響を受けることになる。

持続期間の影響力の大きさは、親子関係を見ればよくわかる。子どもと過ごす時間が長ければ長いほど、親は子どもに多大な影響を及ぼす。親と過ごす時間が足りなければ、子どもは友だちと多くの時間を過ごすようになり、最悪の場合、非行少年のグループと付き合うようになるかもしれない。すると、子どもはそうしたグループから大きな影響を受けはじめる。もっぱら、彼らと行動をともにするようになるからだ。

とくに、恋愛中のカップルの場合は、会う頻度も多く、持続期間も長い。とりわけ交際をはじめたばかりの頃は、できるだけ長く一緒に過ごしたいと思う。こうしたカップルの関係においては、「強度」も非常に高くなる。

うまくいかない関係は〈公式〉で修復できる

今の友人との関係がはじまった頃のことを思い起こしてほしい。過去の人間関係について振り返ってもいい。これまでの人間関係は〈人に好かれる公式〉によって構築されてきたことがわかるはずだ。つまり、**この公式は、今の人間関係の改善にも有効なのだ。**

たとえば、結婚して数年が経過して関係が悪化している夫婦の場合、それを自覚していてもどうすればいいのかわからないことも多い。こうしたケースでは、〈人に好かれる公式〉の要素をひとつずつ検証してみるといい。

まず、第一の要素「近接」について考えてみよう。夫婦は、同じ空間を共有しているだろうか？　それとも、それぞれが自分の目標を勝手に追い求めており、別々に過ごす時間のほうが長いだろうか？

第二の要素は「頻度」だ。夫婦は、1日に何度も一緒の時間を過ごしているだろうか？

第三の要素は「持続期間」。二人は一緒にどのくらいの時間を過ごしているだろうか？

第四の要素は「強度」、いわば人間関係をまとめる接着剤だ。もし、「近接」「頻度」「持続期間」は充分あるものの、うまくいかないという夫婦なら、「強度」が足りないのかもしれない。

二人は自宅で一緒にテレビを観て多くの時間を過ごしてはいるものの、ろくに会話をしていないのかもしれない。このような場合は「強度」を高める工夫をすれば、夫婦関係を改善できる。夜、二人で「デート」に出かけて楽しいひとときを過ごせれば、出会った頃、互いに感じていた思いがよみがえってくるかもしれない。毎晩、何時間かテレビを消して語らえば、互いについての理解が深まり、心が満たされるかもしれない。こうした努力で、「強度」を高めることもできるはずだ。

二人がどう交流しているかによって、〈人に好かれる公式〉の四つの要素の組み合わせは変わってくる。たとえば、夫婦のどちらかが1年の大半を出張で留守にしているとしよう。すると「近接」の要素が減り、二人の関係は悪化する。同時に「頻度」と「持続期間」も減り、「強度」も弱まるからだ。しかし、テクノロジーの力を借りれば克服できるかもしれない。「頻度」「持続期間」「強度」については、メール、チャット、スカイプ、ソーシャルメディアなどを活用すれば補うことができる。

どんな人間関係においても〈人に好かれる公式〉の四つの要素がそれぞれの役割をはたしていることを頭に入れておけば、現在の人間関係を見直せる。問題があるのなら、四つの要素を分解し、調整してみるといい。

また、**距離を置きたい相手や人間関係があるのなら、〈人に好かれる公式〉の四つの要素を徐々に減らしていくこともできる。**時間をかけて四つの要素を減らしていけば、突然、連絡を絶つようなやり方で相手を傷つけずにすむ。そのうちに、あなたが付き合いを避けたい相手にも、あなたとの関係はこれ以上続かないことが伝わるだろう。そして先方は、あなたをあきらめ、もっと見返りを得られる相手をさがしはじめるだろう。

巧妙なスパイ活動は「共通点づくり」からはじめる

あなたが科学者であるとしよう。あなたは国防総省から仕事の依頼を受け、国家機密も取り扱っている。ある日、なんの前触れもなく、あなたに中国大使館から電話がかかってくる。そして、あなたの研究に関する講演をお願いしたいと、中国に招待される。

講演の内容自体は機密扱いではないうえ、渡航費から滞在費まで費用はすべて中国政府が負担するという。あなたは、中国政府から講演依頼があったと、国防総省の担当者に伝える。すると、機密情報に触れないのであれば中国で講演してもかまわないと、国防総省から許可が下りる。そこであなたは中国大使館に電話をかけ、ご招待をお受けしますと伝える。すると今度は、せっかくだから講演の1週間前にお越しになってはいかがですかと誘われる。そうすれば、事前に観光をお楽しみいただけますから、と。あなたは承諾する。こんな幸運に恵まれるのは一生に一度かもしれない。そう思い、あなたは中国訪問を心待ちにする。

さて中国に到着すると、空港には中国政府の代理人が出迎えにきている。そして「ご滞在中は、ずっと私が通訳兼ガイドを務めさせていただきます」と挨拶をする。翌日からも毎朝、通訳は起きてくるあなたをホテルのロビーで待っており、一緒に朝食をとる。それから1日中、一緒に観光をして過ごす。通訳はあなたの食事代をすべて支払い、夜の社交活動まで手配してくれる。愛想のいい人物で、自分の家族やプライベートの話まで聞かせてくれる。そこであなたもお返しに、自分の家族の話をする。とはいえ、妻と子どもたちの名前、それぞれの誕生日、結婚記念日、家族と一緒に過ごす休暇の話など、たわいない話をしただけだ。こうして何日か一緒に過ごしているうちに、文化が大きく異なる国で暮らしているにもかかわらず、**二人には多くの共通点があることがわかり、あなたは彼に共感と好意を覚える。**

とうとう、講演当日を迎えた。会場は満席。聴衆はみな熱心にあなたの話に聞きいっている。あなたが講演を終えると、ひとりの男性が近づいてきて、実に興味深い話をありがとうございました、と声をかけてきた。先生のご研究は革新的で、すっかり夢中になりました、実は私の仕事にも関係がありまして。そう明かすと、彼はあれこれ質問をしてきた。そうした質問に答えるため、あなたはかなり専門的でデリケートな部分まで説明する。こうして嬉々として説明しているうちに、**つい機密事項の領域すれすれのところにまで踏み込んでしまう。**

無事に講演を終えたあなたは、アメリカに帰国すべく、空港に向かう。搭乗を待っていると、通訳からまた誘いがある。講演が大成功をおさめたので、中国政府は来年もあなたを講演に招待させていただきたいと考えております、今回の会場は規模が小さく満席になってしまったので、来年はもっと広いホールで講演をお願いしたいのですが、と。さらに通訳はこう言い添えた。ああ、それに来年はぜひ奥さまと一緒にお越しになってくださ い、もちろん、すべての費用はこちらで負担いたします、と。

それと知らずに「機密情報」を話させた手口

私はＦＢＩの防諜活動の一環として、外国から帰国したアメリカの科学者たちから報告を聞くよう命じられたことがある。機密情報を得ようとする外国の諜報員に接近されていないかどうか、確認するためだ。そして大勢の科学者から話を聞いたところ、前述のような体験をした例が多いことがわかった。外国側は非の打ちどころのないもてなしでもって歓待してくれたし、機密情報についてはまったく尋ねてこなかったと、科学者たちは口を揃えた。よって裏切り行為はなかった、と。

だが、私にはひとつ引っかかる点があった。科学者たちが一様に「通訳とは共通点がたくさんあった」と述べていたことだ。両国の文化が大きく異なることを考えれば、妙な話だった。そして、**親密な関係を早急に築くには、「共通点」をつくるのがもっとも手っ取**

り早いのだ（この「共通点」のテクニックについては第4章で詳述する）。

そこで私は〈人に好かれる公式〉を利用し、科学者の中国滞在中の様子を分析することにした。間違いなく「近接」は存在した。一方「頻度」は低かった。科学者は年に一度しか中国を訪問しないからだ。そのため親密な関係を築きたいのであれば、「持続期間」を長くして、「頻度」の低さを補わなければならない。案の定、「持続期間」は長かった。同じ通訳が、毎朝、科学者を迎えにいき、1日中同行したうえ、夜も一緒に過ごしていたのだから。

そして通訳と科学者の会話に出てきた話題から判断するに、「強度」も高かった。科学者は、自分の功績を褒めてもらい、話をじっくり聞いてもらったうえ、おいしい食事までご馳走になり、何不自由なく過ごした。こうして分析した結果、おぼろげながら全体像が見えてきた。**実のところ、科学者たちは中国の諜報員から情報を盗まれていた**のである。

科学者には、そして当初は私にも、中国側がスパイ活動を行っていることがわからなかった。中国側は――承知のうえでそうしていたのか、たまたまそうしていたのかわからないが――〈人に好かれる公式〉を活用し、二人の人間が自然に親しくなるよう仕向けていた。それがあまりにも自然なプロセスであったため、脳は、このとらえどころのないスパイ活動を検知しなかったのである。

この事実が判明してから、私は科学者から話を聞く際、〈人に好かれる公式〉にあててはめ、外国の諜報機関から接触されたかどうか、スパイとしてスカウトされたかどうかを判断するようになった。

そして外国に滞在中に出会った人物と、どれほどの「近接」「頻度」「持続期間」「強度」があったかを説明してもらうようにした。また科学者が外国に出発する際には、外国側が巧妙なテクニックを駆使して機密情報を盗もうとする場合があることを説明し、事前に注意を喚起することにした。

case study

「知らない場所」で友人をつくる方法

先日、近所のコーヒーショップでフィリップという若者と話をした。フィリップは私の親友の息子で、小都市のカレッジを卒業し、ロサンゼルスの会社に就職したばかりだった。独身の彼は、この新天地で友人をつくりたいと思っていた。とはいえ、これまでずっと郊外の小さな町で暮らしてきたため、突然、大都会で暮らすことになり、知らない人と親しくなろうとすると怖気づいてしまうという。

そこで私は「アパートのそばのバーにちょくちょく顔を出してはどうだろう」と助言した。ただし店に入ったら〈好意シグナル〉（次章で説明する）を送り、自分が脅威ではないことを示しなさい、と。そしてテーブル席でもカウンター席でもいいから、**店内では必ずひとりで座るようにしなさい**とつけ加えた。

毎日のようにバーに通えば、「近接」が定着する。と同時に、「頻度」と「持続期間」も達成される。こうしてバーに通い慣れてきたら、バーテンのほうを眺めては、にっこりと微笑むようにする。すると「強度」が上がる。ここまできたら、あとは周囲の人間の関心を引くきっかけをつくるだけだ。

私はフィリップに、そんなきっかけになるものはないかと尋ねた。すると、彼がアンティークの大理石のコレクターであることがわかった。そこで私は、バーに出かけるときには必ず拡大鏡と大理石を入れたバッグを持参するようアドバイスした。店内で大理石をとり出し、拡大鏡で仔細に眺めるといい、そうすれば周囲の好奇心をかきたて、会話のきっかけをつくることができる、と。

それに、**バーテンや給仕係と親しくなっておけば、彼らが地元の客たちとの橋渡し役をつとめてくれる。**常連客は、フィリップと直接会話をかわすバーテンに「あの新顔は誰だい？」と尋ねるに違いない。そう訊かれたバーテンが、フィリップについて好意的な説明をすれば、常連客たちもフィリップに好感をもつようになるという算段だった。

数週間後、フィリップが電話で、おかげさまでうまくいきましたと報告してくれた。バーに足を踏み入れ、飲み物を注文すると、フィリップはおもむろに大理石をとり出し、拡大鏡でしげしげと眺めたそうだ。ほどなく、バーテンがフィリップに飲み物を給仕し、彼の一風変わった行動について尋ねてきた。趣味で大理石を集めているんですよ、とフィリップは応じ、大理石によってサイズ、色、きめが異なることを説明した。こうして何度か店に通ううちに、彼はバーテンと親しくなった。

やがてバーテンはフィリップに好意をもつようになった。そして、その風変わりな趣味に興味津々といった様子の客たちに、フィリップを紹介した。こうして大理石は会話のきっかけとなっただけでなく、友人づくりの糸口となる役割もはたしたのである。

「都会生まれの人」が友人をつくりにくい理由

世の中には人を引きつける魅力があり、いつでも人から好かれる「コツ」を心得ているように見える人がいる。その一方で、人生で成功をおさめているにもかかわらず、そうした「磁石のような魅力」には恵まれていない人もいる。

この両者の違いは、**無意識のうちに〈敵意シグナル〉を送っているかどうか**にある。このまたとない例を、とある女子学生が（当人にとっては不幸なことに）示してくれたことがある。

彼女は、私が教えている大学の学生であり、なかなか友だちができないと悩んでいた。本人の話によれば、よそよそしくて近寄りがたいと勘違いされるらしい。だが、いったん打ちとけた相手とは問題なく深い付き合いを持続できるという。

しばらく話しているうちに、彼女がアトランタのあまり風紀のよくない町で育ったことがわかった。だから、少女の頃から多少のことでは動じなかったという。そこで彼女にこう助言した。人との接し方を変える必要はない。だが、「自分の見せ方」を変えてみてはどうだろう、と。

そこで彼女は手始めに、いわゆる「都会のしかめっ面」をするのをやめた。**厳しい環境や大都会で育った人の表情には、この「都会のしかめっ面」がよく見られる。**この表情は「私は敵であり、あなたの友人ではない」というシグナルを、言葉を発することなく、周囲の人に明確に伝える役目をはたしている。「私に近づかないで」「俺にかまうな」という警告を発しているのだ。するとカモをさがしていた者は、この表情を浮かべている人を狙おうとしなくなる。だから「都会のしかめっ面」は、タフな環境で生き抜くための貴重なツールとなる。

しかし、友人をつくりたい場合は〈敵意シグナル〉ではなく〈好意シグナル〉を送らねばならない。シグナル次第で、他の学生ともっとスムーズに親しくなれるのだから。

眉をひそめて厳しい表情を浮かべている人物に近づいていきたいと考える人はいない。

ところが、**こうした表情を浮かべている人は、自分が〈敵意シグナル〉を送っていることに気づいていない。**

カモになりたくないときに送る〈敵意シグナル〉

大都会の路上には、よく施し物を求める人がいる。なかには、しつこく食い下がってくる人もいる。だが、彼らは誰かれかまわず声をかけているわけではない。いかにもお金を施してくれそうな通行人に狙いを定め、あとを追いかけるのだ。

彼らがどうやってお人好しを見分けているかといえば、〈好意シグナル〉と〈敵意シグナル〉を見分けているにすぎない。通行人と目があえば、成功の見込みは高くなる。相手が笑みを浮かべてくれれば、見込みはもっと高くなる。さらに同情しているような表情を浮かべてくれれば、見込みはさらに高くなる。

路上でよくお金を無心される人は、見知らぬ人が思わず声をかけたくなるようなシグナルを無意識のうちに送っているのだ。一方、無心するほうは、一対一で接触しないかぎり、お金を恵んでもらうのは不可能であることを承知している。だから彼らは、いかにもお金を恵んでくれそうな人のあとをしつこく追いかけて一対一にもち込もうとする。こんな場面では「都会のしかめっ面」をさっと浮かべればいい。

あなたの態度やしぐさは、周囲の人にシグナルとなって届いている。目的意識をもってサッサと歩くこと自体もシグナルだ。「自分はえじきにはならない」という意思表示をしているのだ。健康で、動きが速く、常に警戒を怠らないヒツジは、ライオンのターゲットになりにくいのだから。

「危険」と見なさなければ、脳は警告しない

あなたが仕事を終え、車を運転し、自宅に向かっているところだとしよう。ふとバックミラーを見ると、後ろに一台の車がぴったりとくっついている。すると、五感からの情報を受信し、周囲に危険が潜んでいないかどうか絶えずスキャンしている脳が、「脅威が迫っている」と判断する。いわば「縄張りスキャン」のようなものが反応し、一台の車が異常に車間距離をつめており、あなたの安全を脅かしている、と判断したのだ。

肝心なのは、**あなたが後続車の様子を「無意識のうちに」監視していた**ことだ。無自覚であっても、脳は常に周囲を監視しており、後ろの車が通常の車間距離のボーダーラインを越えて近づいてきたとたん、異変を察知して知らせたのである。

この「運転時の脳」の機能は、「人と親しくなること」にも活用される。あなたの脳は、目の前にいる人の態度やしぐさ、言葉によるコミュニケーションを自動的にチェックしている。これを脳が「正常であり危険はない」と判断すれば、あなたは無意識のうちに「この人物はまともだ」と思う。だからこそ、本書で紹介するテクニックは奏功する。**どのテクニックも、人間に本来そなわっている能力を利用した自然なものだからだ。**そして、安全な車間距離を保って走る車のように、「この人間の行動は正常だ」と相手の脳がいったん認識すれば、その後はとくに監視されなくなる。

本書では、頻繁に〈好意シグナル〉と〈敵意シグナル〉を例にあげて説明をしていく。こうしたシグナルを活用する能力は、本来、人間にそなわっており、誰もが無意識にその能力を活用し、日々を生きている。

ところが残念ながら大半の人は、こうしたシグナルを意識的に活用できることを知らない。テクノロジーが進歩し、コミュニケーション能力が低下してきている現在、このシグナルの活用がいっそう重要になっているのは間違いない。

テクノロジーではなく「本能」が人を結びつける

以前、講義の最中に、教室の前列に座っていた二人の学生を立たせ、互いに向かいあって座り直してもらったことがある。そして、相手の顔を見ながら、5分間、話をしてほしいと頼んだ。二人は当惑し、何を話せばいいんですかと尋ねてきた。なんでもいいから好きな話をしてくれていいんだよ、と私は応じた。ところが二人とも、なんの話題も思いつかないようだった！　二人はただじっと座ったまま、互いの顔を見ている。そこで、二人が座っている椅子の位置を動かし、椅子の背をあわせるようにし、互いに背を向けたまま、携帯電話のメールでやりとりしてもらった。すると驚いたことに、**二人は5分間、メールを通じて問題なく会話を続けた**のである。

問題は、ここにある。携帯電話やゲーム機がこの世に存在しなかった時代、子どもたちは校庭や遊び場で顔をあわせて交流し、社交術の基本を学んでいった。知らない子どもと仲よくなる方法やケンカを収拾する方法を学び、相手によって接し方を変えなくてはいけないことを知り、そうしているうちに少しずつ社交術を身につけていたのである。これは、本人が自覚しないうちに、他人の態度やしぐさによるあいまいなシグナルを察知できるようになったことを意味する。

ところが「親指で押す」ことで会話をしている現在の子どもたちは、ボール遊びなどせず、自宅で夢中になってゲーム機で遊んだり、メッセージを送ったりしている。チームスポーツや校外活動に参加する機会もあるだろうが、テクノロジーが普及した現代社会では、子ども同士が直接顔をあわせて遊ぶ機会が激減している。これはゆゆしき事態だ。

だからといって「テクノロジーに育てられた」子どもたちには、社交技能や相手のシグナルを察知する能力が欠けているわけではない。ただ、実際に顔をあわせて意思疎通をはかる練習を充分に積んでいないため、そうした技能に磨きをかけられなくなっているのだ。

このように意識してシグナルを送るテクニックの他にも、本書では人の心をつかむ数々のテクニックを紹介していく。本書を読み、進化するネット社会だけではなく、**現実社会でも自分の魅力を最大限に活用し、初対面から相手の心をつかみ、良好な人間関係を楽しめる**ようになってもらいたい。

第２章

ひと言も話さずに、相手を見抜く

第一印象で好感を与えるチャンスは一度しかない。

——ウィル・ロジャース

人を引きつける「シグナル」とは？

子どもの頃、自然の光のショーを眺めながら、けだるい夏の夕暮れを過ごしたことがあるだろうか。キッチンに置いてある保存用の瓶を掲げ、薄闇の中、そよ風に揺れる小さなランタンのように動く光の点滅をとらえようとするのは楽しいものだ。

夏の夕暮れに光を放つホタルは人の心をとらえて放さない、地球上もっとも魅力的な生き物のひとつだ。ホタルが発光する仕組みは複雑で、生物学や物理学の知識がなければ理解するのは難しいが、ここで注目したいのは、**ホタルが光を放つ理由**だ。

ホタルはさまざまな理由から発光する。光を点滅させることで「自分たちは苦いから食べてもまずいだけだぞ」と捕食者に警告を送っているという説、また種の異なるホタルはそれぞれの発光パターンをもっており、自分と同じ種のホタルを見つけたり、性別を見分けたりする際に役立てているという説もある。

諸説ある中、ホタルの発光が本書の内容に関わってくるのは、ホタルが発光を「求愛のシグナル」として利用しているという点だ。これまでの研究により、オスのホタルはメスのホタルの気を引くために特別な点滅パターンを利用することがわかっている。フロリダ大学の昆虫学者マーク・ブランハムは「発光の点滅率や光度が高いオスほど、さまざまなタイプのメスを引きつけることができた」と述べている。

ホタルの振る舞いは、人が自分を魅力的に見せ、相手に好意をもってもらいたいときの行動とよく似ている。というのも、**人はたいていあなたの声を「聞く」前に、あなたの姿を「見る」からだ。**人は、あなたの態度やしぐさを見て、「この人と親しくなりたいかどうか」を判断している。

互いについて予備知識なく初めて会う場合、〈好意シグナル〉を送り、「あなたと親しくなりたい」というメッセージを伝えることも、〈敵意シグナル〉を送り、「あなたとは関わりたくない」と伝えることもできる。さもなければ、わざと「光」を消し、自分の存在を目立たなくすることもできる。

一見普通なのに、なぜかモテる人

たとえば二人以上の見知らぬ人間が見通しのきく場所で近距離にいれば、自然と互いを観察することになるだろう。そして相手が〈好意シグナル〉を発しているのか、あるいは〈敵意シグナル〉を発しているのか、あなたの脳は自動的に判断する。

とはいえ、**たいてい判断は「普通」止まりだ。**人の外見や態度はノーマルである場合がほとんどで、その相手が自分にとって脅威でなく、重要人物でもないと判断すれば、脳はその場かぎりでその人の情報を忘れることになっている。それはいわばニューヨークでタクシーを拾うようなもの。通りには何十台ものタクシーが走っているが、人は空車のライトがついているか消えているかしか見ておらず、空車でないタクシーのことはすぐに忘れる。

しかし、なかには特別に人を引きつける人もいる。読者のみなさんも、これまでバーやナイトクラブに同性の友だちと繰り出し、初対面の異性を引きつける魅力をそなえている人を見たこともあれば、存在にさえ気づいてもらえない人を見たこともあるはずだ。もちろん、スタイルがいいから目立っていた人もいただろうし、見るからにお金をもっていそうで異性を引きつけていた人もいただろう。しかし実際には、**大半の人が〈好意シグナル〉を発したからこそ、人気者になっている。**〈好意シグナル〉を発した結果、この人と親しくなりたいと相手に思わせているのだ。

〈好意シグナル〉三つのポイント

では、まだ言葉をかわす関係ではないときに「態度」や「しぐさ」でメッセージを伝え、好感をもってもらい、一晩であろうと一生涯であろうと親密になるための土台を築くには、どんなシグナルを送ればいいのだろうか。

そうしたシグナルは無数にあるが、カギを握る重要なシグナルは三つに絞られる。その三大シグナルとは、**「眉をさっと上げる」**、**「頭を傾ける」**、そして作り笑いではなく**「本物の笑みを浮かべる」**ことだ（そう、人間の脳は作り笑いと本物の笑顔を見分けられる！）。

1　眉をさっと上げて目を見開く

これは、眉をすばやく上げて目を見開く動きのことだ。**六分の一秒ほどの短時間で行えるため、言葉を使わずに〈好意シグナル〉を送りたいときに便利だ。**

知らない人に近づいていくとき、眉をさっと上げて見せれば、「私は怪しい者ではありませんよ」というメッセージを送ることができる。初対面の相手と1・8〜1・5メートルほどの距離に近づくと、脳はこのシグナルをさがす。相手からシグナルが送られ、こちらも同じシグナルを送り返せば、言葉を使わずに「私はあなたの敵ではありませんから、怖がったり避けたりする必要はありません」と、互いに知らせることができる。

ほとんどの人は無意識のうちにそうしているため、自分が眉をさっと上げていることに気づいていない。ためしに、観察してみるといい。オフィスなどの公的な場所で初めて顔をあわせた人たちは、「はじめまして」「調子はいかがですか」といった挨拶をしながら、眉をさっと上げているはずだ。

自分でも人と会うときにどんなしぐさをしているのか、意識してみるといい。言葉を使わないコミュニケーションを瞬時にかわしていることに驚くはずだ。そして、自覚してこなかったものの、さまざまなしぐさや態度で、これまで自分がずっとシグナルを送ってきたこともわかるだろう。

眉をさっと上げれば、遠くにいる人にもシグナルを送れる。たとえば、あなたが混雑した会場にいるとしよう。遠くにいる誰かに関心をもったら、眉をさっと上げ、相手からの反応を待ってみよう。もし相手もさっと眉を上げてきたら、話しかけるといい。相手もあなたに関心をもっているというサインだ。反対に、なんの反応も返ってこなければ、相手はあなたに関心をもっていない。

このように眉をさっと上げるしぐさを利用すれば、相手がこちらに関心をもっているかどうかを判別できるし、脈のない相手からは早期に警鐘を鳴らしてもらえる。そうすれば、親しくなる気がない相手に声をかけた結果、拒絶されずにすむし、バツの悪い思いもせずにすむ。自分と同様に眉を上げてくれた人にだけ、声をかければいい。

2 頭を傾ける

頭を傾けている男女。ともに好印象をもたれやすくなる。

左右どちらかに頭を傾けるのは、「私は脅威ではありません」というメッセージを送るしぐさだ。首の両側には頸動脈《けいどうみゃく》があり、頭を傾けると、そのどちらかを相手に見せることになる。頸動脈は酸素を含む血液を脳に運ぶ経路であり、そのどちらかが切断されれば数分のうちに死が訪れる。だから脅威を感じた人は首をすくめ、頸動脈を守ろうとする。その反対に、まったく脅威を感じない人と会っているときには頭を傾け、頸動脈をあらわにするというわけだ。

「頭を傾ける」動作は、強い〈好意シグナル〉となるため、信頼の置ける人、魅力的な人と思われやすい。また頭をわずかに傾けて近づいてくる男性のほうが、女性からハンサムだと認識されやすい。同様に、頭をわずかに傾けている女性のほうが、男性から魅力的だと思われやすい。話している相手のほうにわずかに頭を傾けている人は、思いやりのある正直な人に見られやすい。

女性は男性よりも頻繁に頭を傾けるが、**男性は、頭をまっすぐにし、相手より優位に立とうとする傾向がある。**ビジネスの場では、頭をまっすぐに維持すれば有利になるかもしれないが、社交の場でまったく頭を傾けずにいると誤解されるおそれがある。ナイトクラブやバーで女性に声をかけるときには、意識して頭をどちらかに傾けるほうがいい。頭をまっすぐにしたまま近づいていくと、女性に警戒されるおそれがある。あなたには悪意がないのに、女性に「要注意人物」と思われてしまったら、その女性と親しくなるのは不可能ではないにせよ、困難になる。

3 「本物の笑顔」を見せる

笑顔は強力な〈好意シグナル〉だ。にっこりしていれば魅力的に見えるし、好感をもたれやすくなるうえ、我が強い人だと思われにくくなる。笑顔は、信頼、幸福、熱意をあらわし、もっとも重要なことに「受容」のシグナルを送る。笑顔は好意を伝え、微笑んでいる人の魅力を高めるうえ、「にっこりと微笑む」というそれだけの行為で、「あなたを受け入れます」というメッセージを送ることができるのだ。

こちらは本物の笑顔。

これは作り笑いのため、片寄りが見られる。

にっこりすると、エンドルフィンという脳内物質が分泌され、まず当人がいい気分になる。そして微笑みかけられた相手は、笑顔を返さずにいるのが難しくなり、思わず微笑み返してしまう。すると、あなたが微笑みかけた相手もまたいい気分になる。さらには、**自分をいい気分にさせてくれた人のことを好きになる。**

ところが、笑顔には一点だけ問題がある。科学者のみならず、観察眼の鋭い人なら以前から気づいていたように、笑顔には「本物」、すなわち心からの笑顔だけではなく、「作り笑い」や「愛想笑い」がある。「本物」の笑顔は、好意をもっている知人や、知り合いになりたいと思っている人がそばにいると、思わず浮かべてしまうものだ。一方「作り笑い」はたいてい、社交上の義理をはたしているときや、仕事の必要上、相手に好意をもってもらいたいときに利用する。

自分を好きになってもらいたいなら、心からの笑顔を浮かべなければならない。**笑顔が本物かどうかを見分けるシグナルは、口角が上がっていること、目尻に皺が寄り、頬も上がっていること**だ。作り笑いは、どちらかに笑みが片寄っている場合が多い。右利きの人は顔の右側に、左利きの人は顔の左側に笑みが片寄りやすい。また、**作り笑いはタイミングが遅くなりやすい。**本物の笑みより遅いタイミングで浮かび、不自然なかたちでしだいに先細りになる。

反対に心からの笑顔では、頬が上がると同時に目の下の涙袋も上がり、目尻にカラスの足跡が寄る。人によっては鼻が少し下がって見えることもある。ところが作り笑いでは、口角も頬も上がらないため、目尻に皺が寄らない。若者は肌に弾力があるため目尻に皺が寄りにくいが、それでも脳は本物の笑顔と作り笑いの違いを検知する。

笑顔で「距離感」を調節する

どんな笑顔を浮かべるかで、相手に親しくなりたいと思わせることも、思わせないこともできる。特に女性は笑顔の浮かべ方を変え、初対面の相手との付き合い方や、今後の交流のペースを調整しようとする。一方、男性は女性が微笑みかけてくれると、声をかけやすいと感じる。また女性が嬉しそうに笑みを浮かべていれば、こちらから声をかける許可を得たような気分になる。その反対に、作り笑いや無表情を浮かべている女性は、その男性にまったく関心をもっておらず、声をかけられても困るというメッセージを送っている。同様に、女性は他の〈好意シグナル〉を併用しつつ、笑顔の頻度や強度を調整し、相手の男性と言葉をかわす気があるか否かのメッセージを送る。

意のままに、「本物の笑顔」を浮かべる方法を身につけたいのなら、練習を積み重ねるしかない。鏡の前に立ち、実際に作り笑いと本物の笑みを浮かべてほしい。それほど難しくはないはずだ。これまでも、大好きな人に感謝の気持ちを伝えたいときには心から微笑んできたはずだし、迷惑な来客や不快な取引先との会食の席では作り笑いを見せてきたはずだ。その二つの違いを意識しながら、脳に「本物の笑顔」を刻み込む練習をしていこう。

「アイコンタクト」は１秒以下に

アイコンタクトは、他の〈好意シグナル〉とあわせて活用できる。遠くにいる人にも使えるので、言葉を発する前からこちらの存在に気づいてもらいたいときに便利だ。

アイコンタクトで〈好意シグナル〉を送りたいときには、一瞬、さっと目をあわせる程度にするほうがいい。**１秒より長く見つめると、相手に〈敵意シグナル〉と受けとめられ、身構えられる危険がある。**とくにバーなど、異性に声をかけやすい場所で長い間見つめていると、警戒され、要注意人物と見なされ、最悪、不気味な人間だと思われてしまう。

だからアイコンタクトをするときには、同時に微笑む必要がある。心からの笑みを浮かべる自信がなければ、せめて口角を上げ、目尻に皺を寄せる努力をしよう。お返しに微笑みが戻ってくれば、相手はあなたに関心をもっている。あるいは、**あなたがアイコンタクトをしたあと、相手が一瞬視線をそらして下を見てから自分からアイコンタクトを返してきたのであれば、勝算がある。**自信をもって近づいていい。

振り向きながら視線だけ残す

見つめる時間を長くすると、親密な関係を築きやすい。二人が知り合いで、互いに好意をもっていれば、数秒間のアイコンタクトも許される。恋愛中の二人は、よく長い間見つめあっているものだ。

しかし、他人を無遠慮に凝視しては警戒される。そこで、警戒されずに初対面の相手をじっと見つめられるテクニックを紹介しよう。

それは、アイコンタクトをした後、普通より1秒だけ長く相手を見つめるというものだ。このとき、**ゆっくりと頭を別方向に向けながら、視線だけあと1～2秒、相手に残す。**相手は、あなたの頭が他の方向を向いたので、自分が「凝視」されたとは認識しない。従って、警戒心をもたれずに、相手に関心があることを伝えられる。ただし、性急に親しくなろうとしてはならない。男性がこのテクニックを乱用しすぎて、相手をジロジロ見すぎると、要注意人物に転落する可能性が高いので、注意が必要だ。

開いた瞳孔を見せる

相手に関心をもっていると、瞳孔が開く。好きな人を見ていると、目の黒い部分が広がるのだ。瞳孔が大きく開いているほど、相手に強い魅力を感じていることを示している。つまり、自分の瞳孔が開いている様子を見せれば、相手に好意をもっているというシグナルにもなる。

青い瞳は、瞳孔が開いていることがわかりやすい。また、**瞳が黒っぽい人は、いつも瞳孔が開いているように見えるので、エキゾチックな印象を与えやすい。**紀元前1世紀、絶世の美女クレオパトラは植物から採取できるアトロピンという薬で瞳孔を広げ、自身をいっそう官能的に見せたという。ただし、瞳孔は周囲の光線によって開き方が変わるため、この反応の意味するところを解釈する際には環境も考慮にいれる必要がある。

〈好意シグナル〉で容疑者を自白させる

FBI時代、児童性的虐待の容疑者の取調べを担当したことがある。ひとりの被害者が判明したものの、被害者は他にも複数存在した。容疑者はパソコンを使い、ターゲットをさがしていたと思われた。私はすぐに男を逮捕したかったが、逮捕状を得るには証拠が足りなかった。証拠を揃えるには、男のパソコンを調べる許可を本人から得なければならない。そこで私は容疑者の事情聴取を通じて、許可を得ることにした。容疑者の警戒心を解いて、すばやく信頼関係を築き、タイミングを見はからって、男に許可を求めなければならない。

私はまず男に「FBIのオフィスにきていただけないだろうか」と打診した。そうすることで、「決定権は自分にある」と男に思わせたうえで（男はこの依頼を断ることもできた）、任意の事情聴取に臨んだのである。

ドアのところで男を出迎える際、私はまず、さっと眉毛を上げてから、わずかに頭を傾けた。そして目尻に皺を寄せ、「本物の笑顔」を浮かべた。とはいえ、もちろんこうした犯罪者に心から好意を示すのは無理だが、〈好意シグナル〉は送った。

あたたかい握手をし、彼を取調室べに招き入れ、二つの理由でコーヒーをすすめた。

二人の間にカップを置くと障害物となり、まだ信頼関係ができていないことを示す。テーブルの片側に寄せれば、すでに信頼関係が築かれたサインになる。

第一の理由は、心理学でいうところの**「好意の返報性」**を利用すること。どれほどささやかなものであれ、「何かを贈られると、人はお返しをしなければならないという気になる」という理論だ。

第二の理由は、コーヒーカップを置く位置から、私との間にどの程度の信頼関係が結ばれているかを把握するためだ。

さて、私がコーヒーカップを渡すと、男は「あんなことをしたのに、ずいぶんやさしくしてくれるんですね」と言った。事情聴取はまだはじまっていなかったが、この発言は一種の自白と見なすことができた。男にニセの〈好意シグナル〉を送った結果、私を「警戒すべき相手」ではなく、秘密――自らを生涯、刑務所に閉じ込めることになる秘密――を打ち明けてもかまわない、「信頼の置ける相手」のように錯覚させることができたのだ。

case study

プチ整形で「本物の笑顔」を失った主婦

女性はいつでも美を追い求めるものだが、時にはその努力が裏目に出る場合もある。以前、外見を若返らせて夫の関心を引きたいと思った女性がいた。彼女は顔にボトックス注射を打ってもらい、皺を目立たなくすることにした。施術後、彼女は夫にこの新しい顔を早く見せたくてたまらず、胸を高鳴らせた。

はたして「若返った」妻を見た夫の反応は？　そもそもボトックスには、周囲の筋肉を2カ月ほど麻痺させる作用がある。そのため**目の周辺にボトックス注射を受けた後、彼女は眉毛をさっと上げられなくなり、本物の笑顔を浮かべることができなくなった。**それに、夫が見慣れていた目尻の「カラスの足跡」まで消えてしまった。

彼女はたしかに若返ったかもしれないが、夫が見慣れていた〈好意シグナル〉を送れなくなった。そのため、妻はもう自分のことを愛していないのではないか、他の男にアピールしたいがために施術を受けたのではないかと、夫は疑った。妻が〈好意シグナル〉を送ってこなくなった理由を夫が勘違いしたため、悲しいかな、妻の努力は逆効果となったのである。

偶然を装って「触れる」と、相手の好意がわかる

通常の挨拶としての握手をのぞけば、相手の手に触れるのは、腕に触れるよりもいっそう親密な意味合いをもつ。ゆえに**手に触れるのは、恋愛のバロメーター**となる。そのため恋愛映画では、手が触れあう場面をクローズアップすることで、二人の関係が冷えきっているのか、あるいはこれから深まろうとしているのか、まさに真っ盛りなのかを暗示する。「手を握る」「手をつなぐ」という行為は、「触れる」行為よりもっと重い意味をもつ。手を握りながら指をからめるのは、もっとも親密なかたちだ。

もし、あなたが恋愛感情をもっている相手の手に触れたところ、向こうがほんのわずかでも手を引っ込めたら、あなたとの関係を深める心の準備がまだできていないことがわかる。手を引っ込めるのが、必ずしも拒否のシグナルとはかぎらないが、関係を深める前にもう少し時間をかけたほうがいいかもしれない。もし、手に触れても嫌がられなければ、

あなたを受け入れていると考えていい。

そのため、**交際が浅い相手が自分のことをどう思っているか知りたければ、「偶然」を装い、さっと手に触れるといい。**というのも、偶然、触れたのであれば、たいていの人は怒ることもないので、リスクなしで相手の気持ちを探れるからだ。相手は偶然の出来事であると受けとめつつも、あなたに触れられたことを受け入れているのか、拒絶しているのかを無意識に反応で示す。そのシグナルを読みとれば、このまま前進していいのか、もっと時間をかけるべきかを判断できるというわけだ。

ひと言もかわさずに仲間になれる「ミラーリング」

「ミラーリング」は、言葉を使わずに相手と親しくなりたいときに利用できるテクニックだ。「ミラーリング」とは、相手のしぐさや行動を真似ることを指す。ミラーリングを行えば好感をもってもらいやすくなるので、**初対面の人と親しくなりたいと思ったら、相手のボディランゲージを意識して真似てみよう。**相手が腕組みしながら立っていたら、あなたも腕組みをしながら立つ。相手が脚を組んで座っていたら、あなたも脚を組んで座る。

もちろん、ミラーリングができない状況もあるだろう。丈の短いワンピースやスカートの女性には、片方の脚のかかとをもう片方の膝のあたりに乗せるような脚の組み方はできない。この場合は、脚を組むという行為を真似るだけで充分だ。普通に脚を組むのもいいし、足首のあたりで交差させるだけでもいい。

ミラーリングを行っても、たいてい相手はそれと気づかない。というのも、脳がそれを「正常」なもの、基本的な動作のひとつとして認識するからだ。ところが反対に、**ミラーリングをまったく行わないでいると、それは〈敵意シグナル〉として認識される。**そして脳は、二人が交流しているにもかかわらず、同調行動が欠けていることに気づく。ミラーリングをされていない相手は、なぜ自分が居心地の悪さを覚えているのか、その原因を特定できないが、なんとなく〈敵意シグナル〉を感じ、身構えるだろう。

ミラーリングには練習が必要だ。幸い、どんな職業の人でも人と接するときならいつでもミラーリングの稽古ができる。職場や集まりの席で、友人たちが話しているところを観察してみよう。おそらく全員が仲間のうちの誰かのミラーリングを行っているはずだ。

仲間内で話す機会があったら、自分から立ち方や姿勢を変えてみるのもいい。しばらくすると、一緒にいる誰かが、あなたの立ち方や姿勢を真似るはずだ。ミラーリングに慣れない間は、こうしたわざとらしい行動が周囲に気づかれたらと心配になるかもしれないが、実際は誰も気づかないから安心してもらいたい。そんなとき、**あなたは「スポットライト効果」を体験しているの**だ（スポットライト効果については後述する）。

また、誰かと一緒にいるとき、相手のしぐさや行為を真似てみるのもいい。何回か練習するうちに、ミラーリングのテクニックを自然に活用できるようになり、親しい相手と一緒にいるとき、親睦を深めるためのツールとして利用できるようになるだろう。

「身体の近さ」で好意がわかる

人間には、好きな人のほうについ身を乗り出し、苦手な人とは距離を置こうとする傾向がある。ＦＢＩに在籍していた頃、私はときおり大使館のパーティーや外交の場に出席してもらいたいと依頼を受けた。そのような場で、私はもっぱら出席者の観察をして過ごした。どんな人たちが今親しくなろうとしているのか、あの二人はすでに親しい関係にあるのか、今話している相手と親しくなりたいのかどうかを、判別していたのである。

身を乗り出すのは、信頼関係を築きたいと思っている気持ちのあらわれだ。二人とも身を乗り出している場合は、双方がすでに好意をもっている。笑みを浮かべる、うなずく、頭を傾ける、小声で話す、相手に触れるなど、他の〈好意シグナル〉も並行して送っている場合、二人の関係はもっと親密であることがわかる。

また、頭をわずかに後ろに引いて相手と距離を置こうとする動作は、二人の関係がうまくいっていないことを示している。話しながら、相手とは別の方向に上半身を向ける場合も、同様のことがあてはまる。**会いたくない人と接していると、相手とは別の方向に足先を向ける場合もある。**

こうしたしぐさは目立たないし、言葉を用いたコミュニケーションとも違うが、相手を受け入れているのか、はたまた拒絶しているのかを明確にあらわすことがある。

私は講義中、よくこうしたしぐさを観察し、受講生が身をいれて耳を傾けているかどうかを判断する。熱心に聞いている受講生は、座ったまま身を乗り出し、頭をわずかに傾け、同意のしるしにときおりうなずく。対して、講義に身をいれていない受講生や興味を失った受講生は、座ったままふんぞりかえったり、キョロキョロしたりする。なかにはうつらうつらと船を漕ぐ者もいる。

ビジネスの場でも、このテクニックは応用可能だ。複数の人たちにセールストークをする場合、相手のしぐさや態度を観察すれば、商品を買ってくれそうな人、迷っている人、買う気がまったくない人を見分けられるはずだ。

抵抗勢力が多いプレゼンで一発逆転する

ＦＢＩに在職中は、何度もプレゼンテーションをしてきたが、なかでも大変だったのは、数カ月かけて練りあげた複雑な作戦に必要な多額の経費を認めてもらうことだった。出資するだけの価値がある作戦であることを、会議の出席者に納得してもらわねばならない。

私はプレゼンをしながら、テーブルに座っている面々の態度やしぐさに目を配った。ほどなく、自分の味方になってくれそうな人を数人、見分けられた。彼らは身を乗り出し、私の話にときおりうなずいている。その一方で、私の作戦に疑いをもっている人たちも判別できた。すると、この作戦に賛同してくれそうな人たちだけに語りかけたいという気持ちが湧きあがってきた。そうすれば自分と同じ意見の人たちに受け入れてもらい、いい気分になれる。

だが、私はこの誘惑に屈しなかった。すでに味方になってくれた人をわざわざ説得する必要はない。説得すべきなのは、私に賛同していない人たちだ。そこで、私の話に疑念をもっている様子の人たちに集中することにした。何度か室内を歩きまわり、そうした人たちのそばに行き、ひとりひとりの顔を見ながら、一対一で接しているようにアピールした。しだいに、流れが変わるのがわかった。わずかに身を乗り出し、頭を傾けるという〈好意シグナル〉を見せる人が増えてきたのである。

プレゼンの結果、私は予算の承認を得ることができた。それは**出席者の態度やしぐさのメッセージを読みとったおかげで、プレゼンを戦略的に進められた**からだった。抵抗勢力に的を絞ってプレゼンを進めたからこそ、勝利をおさめられたのである。

「ひと口もらう」と仲が深まる食事効果

あなたがレストランで食事をしているとしよう。すると、見知らぬ人がテーブルに近づいてきて、あなたの皿にのっている料理にフォークを突き差し、勝手に食べてしまった。当然、あなたはぎょっとし、不穏な気持ちになる。そんな見知らぬ相手に、「このまま一緒に夕食をいかがですか?」などと、話しかけるはずがない。

その一方で、家族と楽しく夕食をとっている最中に、息子や妹が手を伸ばしてきて、あなたの皿から食べ物をとったとしよう。この場合、あなたはまったく違う反応をするはずだ。家族など親しい間柄にある相手であれば、料理を分けあうのはよくあることだからだ。つまり、**食べ物を分けあうのは〈好意シグナル〉のひとつ**であり、双方が親しい関係にあることを示している。もう少し関係を深めたい相手と食事をしている場合には、ひと言断ってから互いの料理をシェアするといい。

大げさなジェスチャーは関心を深める

身ぶり手ぶりを使う頻度やジェスチャーの大きさは、文化によって異なるうえ、同じ文化圏内でも人によって違うので一概に語ることはできない。とはいえ、互いに好意をもっている人たちは、たいてい表情豊かなジェスチャーを見せる。聞き手の表情豊かなジェスチャーは、相手の話に関心をもっており、「あなたの話を集中して聞いていますよ」というシグナルでもある。

一方話し手は、文章の最後に手をさっと下ろして論点を強調することも、両の手の平を広げてオープンに話していることを示すこともできる。こうした**大げさなしぐさは、言葉によるコミュニケーションの力を強め、互いへの関心を深める役割をはたす。**

だから、親しくなりたい相手が話していたら、意識してうなずいたり、微笑んだりして「話を続けてください」というメッセージを送り、一所懸命に話を聞こう。そうすれば、相手はあなたに好意をもつはずだ。身を乗り出したり、わずかに頭を傾けたりすれば「熱心に聞きいっていますよ」というメッセージをいっそう強く伝えられる。

うなずく頻度で話し手をコントロールする

「熱心に聞いていますよ」というメッセージを話し手に送るもうひとつの方法は、うなずくことだ。うなずいて見せていれば、話し手に「そのまま話し続けてください」というサインを送れる。続けて二回うなずけば、話すテンポを上げてもいいというメッセージになる。その反対に、立て続けに何度もうなずいたり、ゆっくりと一度だけうなずいたりすると、話し手の調子を乱すことになる。あまりにも頻繁にうなずくと、話を急かすことになる。ほとんど間を置かずにうなずき続けていると、「あなたの話はつまらないから、早く結論を言ってくれ」とか、「こっちにも言いたいことがあるから、早く話を終わらせてくれ」というメッセージになる。

うなずき続けるのは失礼な態度であり、「この人は会話の主導権を握りたいのではないか」と相手に思われてしまう。だから、うなずくときには慎重に。適切にうなずけば、話し手に「きちんと話を聞く人」だという誠意を伝えられるし、あなたは「よき聞き手」と認識され、好感をもってもらえる。

さらに、うなずきながら会話をうながす言葉を添えれば、相手は話し続ける意欲を高める。「なるほど」「それで?」など、先を続ける言葉をかけるのもいいし、「ふうむ」「ほう」などと相づちを打つのもいい。すると、あなたが耳を傾けているだけでなく、話の内容をきちんと把握しているという印象を与えられる。

会話中に鳴ったケータイはあえて無視する

相手の話を聞いている最中に、他のことに気を散らしてはならない。**好意をもってもらうためには、「あなたのお話は自分にとって重要なんです」という印象を与える必要がある。**それなのに話の最中に携帯電話に出たり、話し手をしばらく待たせたりすれば、せっかくの苦労も水の泡だ。会話の最中に携帯電話が鳴ったら、応答したいという気持ちを脇に置こう。どういうわけか電話が鳴ると、何がなんでもすぐに応じなければという強迫観念に駆られる人が多いが、なにも電話が鳴ったからといって、応じなければならない義務はない。緊急の用件など、めったにあるものではない。メッセージが残っていなければ、それはあきらかに緊急の用件ではないし、あとで聞けばいいだけの話だ。**電話を無視すれば、「あなたの話をもっと聞きたい」という印象をより強く植えつけることもできる。**

ときおり「ミス」をすると好感度が上がる

私はよく講義の冒頭で、自分の信用に傷をつけない程度に、わざといくつかミスをする。単語の発音を間違えたり、ホワイトボードに単語のスペルを間違えて書いたりするのだ。すると、受講生がすぐにミスを訂正してくれる。私はバツが悪そうな顔をして、ありがたくその訂正を受け入れる。そして、みなさんが注意を払ってくれていたおかげです、と礼を述べる。

このテクニックを使えば、複数の目的を達成できる。第一に、私のミスを訂正した受講者がいい気分になり、親しみの感情が生じる。第二に、受講者が講師に気後れしなくなり、いっそう自主的に講義に参加するようになる。講師本人がミスをしたのだから、自分の発言が見当違いだとしても恥ずかしがることはないと考えるのだ。第三に、**ちょっとしたミスをする人には、人間味があるように見える。**受講者は、講師に豊富な専門知識を求めると同時に、自分たちと同様の人間味もそなえていてほしいと思うからだ。

「好かれない人」が送りがちなシグナル

本章の冒頭で説明したように、ホタルは〈好意シグナル〉を送って異性を引きつけたり、〈敵意シグナル〉を送って捕食者を遠ざけたりする。同様のことは、人間にも当てはまる。「都会のしかめっ面」をしていた女子学生のように、**自分が〈敵意シグナル〉を送っていることを自覚していない人も多い。**そんな人には、そもそも〈敵意シグナル〉とは何かがわかっていないのだ。

まず、〈敵意シグナル〉とは何かを理解しよう。そして、無意識のうちに〈敵意シグナル〉を意中の人に送らないよう留意しよう。「なかなか友人ができない」「人に好感をもってもらえない」と悩んでいる人は、自分がふだんどんなしぐさをし、どんな表情を浮かべているのか確認する必要がある。もしかすると、知らないうちに次のような〈敵意シグナル〉を送っているのかもしれない。

誤解される視線の送り方

アイコンタクトを他の〈好意シグナル〉と同時に活用すれば、好印象を与えられる。しかし、**1秒以上、相手を長く見つめてはならない。**前述したように、1秒より長く見つめていると、先方は攻撃されているように感じる。つまり長すぎる凝視は〈敵意シグナル〉として認識されるのだ。すると人間の脳は、そうした行為を敵対者の攻撃と判断し、身を守るよう命じる。

また、頭から爪先まで舐めるように視線を走らせる行為は、初対面の相手や知りあったばかりの相手に対するしぐさとしては、無礼きわまりない。というのも、相手はまだあなたにパーソナルスペースに侵入する権利を与えていないのに、気持ちのうえでも距離のうえでも、ズカズカと土足で入り込まれたような印象を受けるからだ。パーソナルスペースとは、相手にそれ以上近づかれると不快に感じる空間を指す。そうした空間に視線で侵入するのは、実際に身体で侵入するよりも侮辱的な行為として誤解されるおそれがあるうえ、「攻撃」や「脅威」と見なされるおそれもある。

その反対に、**親しい仲の相手を頭から爪先まで見た場合は、失礼だとは思われないし、**

ときには褒められているような気持ちにさせることもできる。ある程度親しい相手が特別にオシャレしてきたときには、このように見てあげると好感度を上げることもできるが、初対面の人には厳禁だ。

case study

娘のボーイフレンドに言葉以上の威嚇をする

空港でボディスキャナーにかけられ、不快な思いをさせられることも珍しくなくなった昨今だが、以前は空港職員が乗客の「頭から爪先までをジロジロと見る」ことで、怪しいところがないか判断していた。

これと同様に、私は娘のボーイフレンドが自宅にやってくると、同じことを玄関先で実践していた。ドアを開けて若者の目をギロリとにらんだ後、頭から爪先まで舐めるように見ていくのだ。そして「なんの用だ?」というそっけない言葉でしめくくる。すると若者はおたおたし、小声でなにやらつぶやく。私が送ったメッセージは明確に伝わったのだ。この場合、**私が相手を舐めるように見たしぐさには、言葉を使った威嚇よりもはるかに効果があった**と言えるだろう。

視線で覆面捜査官の正体がバレるとき

FBIを退職した後、私は警官に覆面捜査の手法を教えていた。こちらの正体を悟られずに捜査を進める際には、視線の使い方が重要な役割をはたす。前述したように、相手のパーソナルスペースにいきなり侵入したり、ジロジロ見たりすると警戒されるからだ。

読者のみなさんも、こんな経験をしたことがあるかもしれない。車を運転中に赤信号で待っていると、隣の車線にパトカーが停車した。あなたは思わず、そのパトカーのほうを見る。そのとき、警官がたまたまこちらを向き、あなたと目をあわせた。警官と気づいたあなたはあわてて視線をそらし、再び前を向く。ところが警官はそんな真似はしない。車を停めた警官があなたと目をあわせた場合、警官のほうから目をそらすことはない。あなたが視線をそらさなければ、警官はそのままずっとあなたを見つめ続ける。あなたは、警官があなたの車を停める理由を見つけないことを祈るだろう。警官には、あなたをジロジロと眺める権利も、あなたの車を調べる権利もある。そう、警官には、一般市民ならジロジロと見ることが許されない人や場所を凝視する権利がある。

しかし、捜査においてそうした行為をすれば、すぐに正体が露呈する。たとえば、おとり捜査官がドラッグの売人がたむろしているバーに潜入し、売人からドラッグを買う任務を帯びていたとしよう。

ある種の常連客は、入店したとたんにズカズカと人に近寄ったり、友人はいないかと店内を見やったりする権利を獲得しているが、たいていの一般市民は初めてのバー――特にいかがわしい店――に足を踏み入れると、まっすぐカウンターかテーブル席に向かい、誰とも目をあわさずに腰を下ろす。そして注文した飲み物が手元にきてからようやく、店内にこそこそと視線を這わせる。

かたや捜査官はといえば、初めてのバーに足を踏み入れるとき、仕事上の習慣から、ついしばらく足をとめて店内をゆっくりと見まわし、何か脅威がないかどうか確認する。それからカウンターに向かい、飲み物を注文する。そのうえ他人をジロジロ見ることになんの違和感も覚えない。これでは「私は警察官だ」と宣言しているに等しい。また犯罪者のほうも、こうしたちょっとした行動を見逃さない。逮捕されはしないかと警戒している犯罪者は、人の心を読むことに長けている。

目の動きから「説得対象」を絞り込む

顔を動かさずに天を見たり斜め上を見たりするのは〈敵意シグナル〉であり、それ以上の交流を相手に思いとどまらせることになる。このしぐさは「あなたに呆れている」「あなたの行動は不適切だ」というメッセージを送っている。たとえば大人数のグループの中で、誰かが愚かなことを言ったら、あなたは思わず呆れたように目を見開き、斜め上のほうを見るはずだ。**発言した相手がそのしぐさを見たら、もうあなたには好意的に接してくれなくなる。**それが知人であろうと初対面の相手であろうと変わりはない。

会議や打ち合わせの席で、出席者の目の動きを観察していれば、その場の発言をどう考えているかがわかる。その場の提案に不賛成の場合、発言者が視線をそらしたり、視線を落としてメモを見たりした隙に、その人物は呆れたように視線をさっと上げるものだ。このしぐさに注目していれば、発言に賛成の人と反対の人とを判別できる。

一方、**あなたの発言に対して誰かが呆れたように目をまわして見せたら、自分の案の利点を、その人物に向けて特別に強調するほうがいい。**反対に、あなたの意見にうなずいたり、話を聞きながら身を乗り出したり、笑みを浮かべている人に対しては、それ以上熱弁をふるい、余計に時間をかける必要はない。

足をひらいて立つと「闘いの姿勢」に見える

両手を腰にあて、足をひらいて立つのは〈敵意シグナル〉だ。足をひらいて立つと重心が下がるため、「かかってこい」と身構える人と同じ姿勢になる。攻撃しようとしている人は、こぶしを握ったり、身体を安定させるために足をひらいて立ったりすることで、臨戦態勢をとる。そのため、**肘を張り、両手を腰にあてると、優位に立とうとしている印象を与える**ことになる。

他にも腹を立てている人はよく鼻の穴を膨らませ、酸素を多く吸おうとする。当然、こうした〈敵意シグナル〉は、危険が迫っているという警報を相手の脳に送り、「闘争・逃走反応」を引き起こすため、そこから友情が生じることも、親密な関係が生まれることもなくなる。

服装や小物にこそ「その人」が出る

「ある者の床は、他の者の天井だ」ということわざは、〈敵意シグナル〉にもあてはまる。たとえば、どくろ柄の革ジャンをこれ見よがしに身につけ、両腕に無数のタトゥーをいれ、スタッズのネックレスをしていれば、あなたのことを個人的に知らない人は「この人とはできるだけ関わりたくない」と思うだろう。

そう解釈された場合、あなたの外見そのものが〈敵意シグナル〉となる。ところがデスメタルのライブ会場に行けば、あなたの外見は〈好意シグナル〉となり、周囲の人に受け入れられる。この例からもわかるように、選ぶ服装や装身具によって、〈好意シグナル〉も〈敵意シグナル〉も送ることができるので、慎重に考える必要がある。もちろん、自分とはタイプが違う服装をしているからといって、相手があなたにまったく関心をもっていないとはかぎらない。とはいえ「類は友を呼ぶ」ということわざのとおり、基本的には**服装や装身具の趣味が異なる人とは親しくなりにくい**ことを覚えておこう。

私は息子のブラッドリーから、持ち物で人物を評価する方法について教訓を得たことがある。高校生の頃、息子はファッションに夢中になり、放課後稼いだアルバイト代を服や装飾品につぎこんでいた。ある日、私は息子とショッピングモールに出かけた。息子は財布を買いたいと言い、高級店でいちばん高価な財布に目をとめた。そして150ドルもする財布を購入した。私は腰を抜かし、自分の三つ折り財布を引っ張りだし、「父さんの財布は税込で20ドルだぞ」と言った。すると息子は「わかってないなあ、パパ」と応じた。「こまかいところに気をつけなくちゃダメなんだよ。高い服や靴を身につけてカッコつけるのは簡単さ。だけど、20ドルの三つ折り財布を引っ張りだしたら、すぐに見せかけだけだってバレちゃうんだよ」

そんな生意気な口を叩いていた息子も、しだいにファッションに興味を失い、また色褪せたジーンズやスウェットシャツを着るようになった。だが息子が教えてくれた教訓を、私は今でも覚えている。

その日から、私はいっそう細部に注意を払うようになった。たとえばシャツのステッチ数に目を向けるようになった。1インチあたりのステッチ数が多いほど、シャツの質は高くなる。上等のシャツには、4ミリもの厚さのボタンがついている。高価なスーツで決めているのに、**安物の腕時計を身につけている男は、本来の自分の姿を偽っている。**磨かれていない靴も、当人の真の姿を暴き出す。諜報活動に関わる人間でさえ、こうした細部を見すごしがちだが、細部にこそ正体を見破る手がかりが潜んでいる。

「パーソナルスペース」にするりと入り込むには？

人は太古から一貫して、自分の周囲に一定の領域を確保し、他人との間にある程度の距離を置こうとしてきた。このように周囲の空間を調節しようとする習性を「縄張り性」といい、人類と同様に動物も縄張り意識をもっている。

多くの種が、自分のためにある程度の空間を、それも質のいい空間を欲している。その好例は、バスや地下鉄でよく見られる。ひとりしか乗客がいないのにわざわざその人のすぐ隣に腰を下ろしたら、相手は警戒してすぐに別の席に移るだろう。一方、混みあっているエレベーターや観客が大勢いるスポーツの試合会場ですぐ隣に人がやってきても、人は不快には思わない。

そもそも、**初対面の人に〈好意シグナル〉を送る目的は、脅威を与えずに、相手の縄張りに入っていくことにある。**好感をもってもらえれば、すんなりと相手の縄張りに入っていきやすくなるからだ。

当然のことながら、縄張りの境界線は目に見えないし、人や文化によってさまざまなかたちがある。たとえば身体的に虐待を受けてきた人は、危害を加えてきそうな人とはできるだけ距離を置こうとするだろう。同様に、心理的な傷を負っている人は、またつらい思いをさせられるのではないかとおびえ、パーソナルスペースへの侵入を許可する相手を慎重に選ぶだろう。身体的・心理的に虐待された人は、自分の周囲に壁をつくる場合もある。登ることができないほど高く、穴を開けることもできないほど分厚い壁をつくることで、身体的にも心理的にも自分の身を守ろうとするのだ。

縄張りの境界線は居住している場所にも影響を受ける。住人が密集している地域では、やむをえず、パーソナルスペースが狭くなる。反対に、広々とした空間に慣れている住民のパーソナルスペースは広くなる。

精神面での健康状態もパーソナルスペースに影響を及ぼす。小型爆弾を郵便で送りつけていた「ユナボマー」ことセオドア・カジンスキーは、モンタナ州の人里離れた村の山小屋で暮らしていた。そのため、自分の小屋から約1キロ以内に近づいてきた者を脅威と見なし、そうした侵入者からわが身を守ろうとした。

このように、縄張りやパーソナルスペースに対する考え方は人それぞれであることを、念頭に置いておいたほうがいい。最初はあなたが〈好意シグナル〉を送り、相手からも〈好意シグナル〉を受けとってから、慎重に近づいていき、相手のボディランゲージを観察する。もし、相手が「さっと身を引く」「顔をしかめる」など、ストレスを感じているしぐさをしたら、すぐに足をとめ、それ以上近づいてはいけない。そして、あなたとコミユニケーションをとる準備ができたというシグナルを言葉や態度で送ってくるまで、その人とは距離を保つほうが無難だ。

ちなみに、**せっかくつくった縄張りを明け渡すとき、人はのろのろと行動する。**たとえばあなたが混雑した駐車場で空きスペースをさがし、ぐるぐる場内を回っているとしよう。ようやく車に乗り込む人を見つけ、あなたはあわててウインカーをつけ、自分はこのスペースに駐車しますという意思表示をする。こうすれば、もう他のドライバーにこの駐車スペースを横取りされる心配はない。だが、ここから「駐車スペース待ちゲーム」が始まる。車に乗り込んだ人はすぐに車を出そうとはせず、ダッシュボードに置いてあるガジェットをいじりだす。それがすんだと思ったら、今度はシートベルトやミラーを念入りに調節しはじめる。「何をのろのろしているんだ？」と、あなたは胸のうちで毒づく。その答えは、「この駐車スペースを所有しているのは今のところ自分であり、自分がその気になるまで、明け渡すつもりはない」という意味だ。その証拠に、待っている車が一台もなければ、彼らはすぐに駐車場から出ていくのだから。

「動物好き」が動物に嫌われるワケ

ペット、とりわけ犬は、縄張り行動の興味深い例を見せることがある。たとえば犬を飼っている友人の家を、二人連れが初めて訪問したとしよう。ひとりは犬好きで、もうひとりは犬が苦手だ。犬好きのほうはすぐ飼い犬に目を向け、犬の目をのぞきこみ、身をかがめ、犬を撫でようとする。すると意外にも、犬は低いうなり声をあげ、歯を剥く。一方、犬が苦手なほうは、犬に触れようとはしないし、目をあわせようともしない。ところが残念なことに、犬のほうから近づいてきて、クンクンと匂いを嗅ぎ、懸命に注意を引こうとする。

初対面の二人に対するこうした犬の反応は、妙に思えるかもしれない。だが縄張り意識の観点から見れば、実に筋が通っている。犬好きは、犬に近づいていったことで犬の縄張りに侵入し、低い位置からその目をのぞきこんだ。よって**犬は闘いを挑まれたと解釈した。**犬も人間と同様、じっと見つめられることを脅威、すなわち〈敵意シグナル〉と見なす。それゆえ犬は、犬好きのほうを脅威と見なし、縄張りを守るべく脅しをかけた。

もちろん時間をかけて親愛の情を見せていれば、犬好きのほうも最後には受け入れられる。これとは対照的に、犬嫌いのほうは犬のことを無視し、犬の縄張りに侵入するような真似をしなかった。よって、**犬は脅威を覚えなかったほうの人間に引かれた。**そして、かきたてられた好奇心を満足させようと（私がウラジミールの前に座り続けたときや、チャールズがシーガルの待ち伏せを続けたときのように）、自分を無視した相手に近づいていったのである。

「足先の向き」は雄弁に物語る

さて、これで〈好意シグナル〉と〈敵意シグナル〉とは何かがわかり、実際に活用できるようになったはずだ。さらに、初対面でありながら親しくなりたい相手、あるいは避けたい相手にはどんな態度をとり、どんな行動をとればいいかも把握できたはずだ。

だが、実際に相手に話しかける前に、もうひとつ考慮すべき点がある。話しかけようとしている相手が、誰かと話をしているかどうかだ。相手がすでに誰かと会話をしている場合、どんなタイミングで割り込み、会話をはじめればいいのだろう？　特に仕事の会合やプライベートのイベントで、出席者同士が切れ目なく会話を続けている場合、スムーズに入っていくのは難しいものだ。

そんなとき、**二人以上が集まって立ち話をしているのなら、「足先の向き」に着目すれば、そのグループの話に割り込むべきタイミングを推しはかれる。**というのも、そのグループの人間に新たなメンバーを受け入れる気持ちがあるのか、あるいは自分たちだけで話し続けていたいのかが、足先の向きにあらわれるからだ。

誰にも邪魔されずに会話を続けたい場合。

足先を斜めに向けて立っている場合は、新たに会話に加わる人を歓迎するというメッセージを送っている。

大人数のグループのメンバーが、半円を描くようにして立っているとしよう。彼らの足先が、半円の開いている方向を向いているのなら、彼らには新たなメンバーを受け入れる気持ちがある。一方、大人数のグループが閉じた円を描くようにして立っている場合は、新たなメンバーを受け入れるつもりも、追加するつもりもないと考えていい。

また、二人が真正面に向きあって立っている――互いに足先を向けている――場合、二人は私的な話をしているというメッセージを送っている。「近寄るな」と伝えているのだ。よそ者に邪魔をされたくない、と。また、互いの顔を見てはいるものの、足先が斜めの方向を向いている場合、二人はいわば「空きスペース」を設けてい

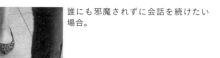

二人きりで会話を続けたいというメッセージを送っている足先の向き。

足先が斜めの方向を向いていれば、新たに会話に加わる人を歓迎している。

る。だから、二人の会話に加わりたいという人がいれば、「どうぞ、歓迎しますよ」というメッセージを送っていると考えていいだろう。

　大勢の人がいる場では、新たに会話に加わる仲間を歓迎しているグループがいないかどうか観察しよう。そうしたグループを見つけたら、歩き出す前も歩いている最中も、〈好意シグナル〉を送りながら近づいてみてほしい。私たちの脳は常に環境をスキャンしてシグナルをキャッチしようとしているから、**目があっていなくてもシグナルに気をつけるべきだ。**歩きながら〈敵意シグナル〉を送ろうものなら、目当てのグループの人たちはあなたに脅威を覚え、身構える。その反対に、あなたがさっと眉を上げたり、頭を傾けたり、笑みを浮かべた

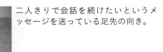

りすれば、彼らはそうした〈好意シグナル〉に好感をもち、喜んであなたを輪の中に入れてくれるだろう。

いよいよグループのところにきたら、空いているスペースに堂々と立とう。**自信がありそうな人は、自信がなさそうな人より好感をもたれる。**たとえ、本当は自信がなくても、できるだけ自信があるようなふりをすべきだ。ただし、自信と傲慢は紙一重。その境界線を越えないように注意すること。

空いているスペースに立ったら、会話の内容に耳を傾け、しばらく発言を控えよう。話を聞きながらうなずけば、相手の話に関心をもち、同意しているというシグナルを送れるし、自分は傲慢ではなく自信をもっているだけだというメッセージを送ることもできる。傲慢な人はたいてい人の話などじっくり聞かない。グループの人たちに、新たなメンバーを歓迎する気持ちがあるとしても、図々しく会話の流れを遮断するような傲慢な人では受け入れる気持ちにはならない。会話に自然な間が生じたときこそ、自己紹介をし、会話に加わるチャンスだ。

ここまでスムーズにできたら、次はグループのメンバーと共通点を見つける努力をしよう。**共通点（関心をもっていること、経歴や出身地、仕事など）を見つけるのは、初対面の相手と手っ取り早く親しくなる手段だ。**展示会や協議会に出席している場合は、周囲の人との共通点を見つけやすい。そもそも共通点があるからこそ、その場に集まっているからだ。

なかなか共通点を見つけられない場合は、音楽の話をしよう。音楽が嫌いな人はまずいない。同じジャンルの音楽が好きではなくても、異なるジャンルの音楽の類似点や違いを話すのも楽しいものであり、たいてい会話が盛りあがるし、論争に発展する危険もない。反対に、強い感情を引き出したり、見解の違いで論争を引き起こしたりしそうな話題は避けるのが賢明だ。そんなことになれば心を通わせるどころか、相手との間に溝をつくることになる。

こうして一度会話を楽しんだグループと離れた後、パーティーの最中にまた再会したら、彼らを苗字ではなく名前で呼んでみよう。これには大きな効果がある。デール・カーネギーいわく、「名前は、どんな言語においても、本人にとってもっとも大切で甘い響きをもっている」。

人は、自分の名前を覚えてもらうのが好きだ。**その人物の名前を覚えているということは、その人の価値を認めていること、あなたがその人を気にかけていることを示している。**大切に思っているからこそ、覚えているのだ。

二度目の会話には「引用」が効く

さきほど話をした人とまた顔をあわせて再び話をすることになったら、さきほどの会話の一部を引用してみよう。ジョークや感想、しぐさの一部をもう一度使うのだ。**相手とかわした話を再利用すれば、あなたはその人物にとってもはや新顔ではなく、知人になったのだというメッセージをさりげなく伝えられる。**あなたはもう知っている顔であり、友人候補になったのだ。また、一度会話を終えたところで途絶えていた信頼関係を築くプロセスを再開することもできる。そうすれば次に会ったときには、すでに友人となっており、今後の関係の基盤をより強固にしておくことができる。

ひとりで立っている人に話しかけるなら「共感ワード」で

パーティー会場などで、ひとりポツンと立っている人物を見かけたら、足の向きに着目しよう。足先が出口のほうを向いていたら、その人物はそろそろ会場から出ていこうと思ってはいるものの、まだ行動を起こしていないことを示している。これは、あなたにとって近づいていくチャンスだ。あなたは、その人物のほうに歩きながら〈好意シグナル〉を送り、共感を示すセリフを何か考えるといい。「そろそろ、お帰りになりますか？」「パーティーが退屈そうですね」などと声をかけてみよう。

さもなければ、ただ近づいていき、「今日は、おひとりでいらしたんですか？ 今日の会をどう思われます？」などと話しかけるのもいい。おそらく、相手はあなたの問いかけに応じてくれる。そこから返答にも共感を織り交ぜながら、会話を発展させていくといい。収穫があるはずだ。

「スポットライト効果」を克服する

シグナルを送る際に注意しなければならないことがある。それは「スポットライト効果」だ。スポットライト効果とは、コソコソと何かをしているときに生じる。故意になんらかのシグナルを送って人を操作しようとすると自意識過剰になり、自分の行動が周囲の注目を集めているように勘違いしてしまうのだ。すると、その場にふさわしい行動をとれなくなり、自信に満ちた立居振る舞いができなくなる。その結果、あなたの行動は胡散臭《うさんくさ》く見え、信頼が損なわれる。

ウソをついている人にも、スポットライト効果が見られる。ウソをついている人は、自分のウソが相手に透けて見えているのではないかと不安に思う。すると、**実際には相手がまったく疑っていなくても、ウソをついていることを自ら示すようなわざとらしい行動をとったり、妙な言い訳を言ったりする。**すると相手は、なんだか怪しい、この話はひょっとするとウソかもしれないと疑念をもつ。

同様のことが、意識して〈好意シグナル〉を初めて送るときにも生じる。これまではずっと無意識のうちに〈好意シグナル〉を送ってきたし、それでうまくいっていたのに、初対面の相手に意識して頭を傾けたり、眉をさっと上げて見せたりすると、スポットライト効果のせいで妙にぎこちなく感じる。すると途端に身体がこわばり、わざとやっていることがバレてしまう。そうなればせっかくの努力が逆効果となり、相手と親しくなろうとする試みは失敗に終わる。

スポットライト効果を避けたいのであれば、まず、スポットライト効果というものが存在することを知っておこう。学ぶことから、すべてははじまるのだから。

〈敵意シグナル〉で人を部屋から出した話

FBIに勤務していた頃、よく協議会やパーティーに出席していた。あるとき、FBIの〈行動分析プログラム〉の同僚と、協議会の前に開催された親睦パーティーに出席したが、あまりにパーティーが退屈だったので、私は同僚と「ノンバーバル徒競争」に興じることにした。

「ノンバーバル徒競争」とは、態度やしぐさで競うゲームだ。まず、パーティー会場の出口から同じくらいの距離のところに立っている人をひとりずつ選ぶ。ゲームの目的は、自分が選んだターゲットを、相手に悟られることなく会場の外に出すことだ。まず、それぞれが自分のターゲットにさりげなく話しかける。そして、居心地が悪くならないような距離を相手との間にとる。

だが会話を進めるうちに、気づかれない程度にほんの少しずつ、相手のほうに近づいていく。距離が縮まると、相手はパーソナルスペースを確保しようと、無意識のうちにあとずさりをする。これを何度か繰り返していると、ついにターゲットは会場の外に出てしまう。これを最初に達成したほうが、このゲームの勝者と認定される。あるときなど、それと悟られることなく、私はターゲットをホテルのロビーまで後退させたほどだ。

彼は、自分がロビーに立っていることに気づくと、「あれ？　なんだってこんなところまできたんだろう？」と不思議そうに言った。私はただ微笑み、肩をすくめた。

シグナルの練習は公共の場所で

〈好意シグナル〉もしくは〈敵意シグナル〉をうまく送る第一のステップは、ふだん、他人がこうしたシグナルをどう見せているかに注目すると同時に、自分自身がどんなふうにシグナルを送っているかを意識することだ。〈好意シグナル〉を送りたいときは、自分がしぐさや態度でそうしたシグナルを無意識のうちに送っているときの感覚を思い出して再現するといい。

こうした技術を磨くのに最適な場所は、ショッピングモールなどの公共の場所だ。向こうから誰かが歩いてきたら、頭を傾け、目をあわせ、微笑みかけてみよう。そして、相手の反応を見よう。相手が、微笑みながら眉をさっと上げたら、あなたは〈好意シグナル〉を上手に送ることに成功した。その反対に、相手がきょとんとした表情や「気持ち悪いやつだな、近寄るんじゃない」という表情を浮かべたら、もっと練習を積まねばならない（まれに相手がひねくれ者という場合もあるが）。何度も練習するうちに、あなたの〈好意シグナル〉に対する反応は少しずつ改善されていくはずだ。また練習を重ねれば、自分がどんな〈好意シグナル〉を送っているのか、そもそも、いつ送るべきかといった問題を意識せずにすむようになる。気がついたら、ごく自然に〈好意シグナル〉を送れるようになっているだろう。

自意識過剰になって「スポットライト効果」を生じさせることなく、これまで使っていた技術を自然に使いこなしたり、新たな技術を身につけたりするには、とにかく練習するしかない。

こうしたシグナルを完ぺきに身につけようと努力を重ねていると、ときに恥ずかしい思いをしたり、すぐに習得できず苛立ちを覚えたりすることもあるかもしれない。しかしそれは、ごく普通のことだ。**科学者の研究によれば、新たな技術を習得する際には、その過程の早い段階で「急激に落ち込む」時期がある**そうだ。こうしたスランプの時期には、新たな技術を使いこなせずにイライラしたり、言われたとおりにできずにバツの悪い思いをしたりするという。すると、それ以上練習しようとせず、あきらめてしまう人が出てくる。だが、けっしてあきらめてはならない！　努力するだけの価値はある。信頼しあえる対人関係を築ければ、充分な見返りを得られるのだから。ヒントは日常のどこにでもあるはずだ。

イヤフォンをはずして人間観察を！

イヤフォンをつけて携帯電話をいじっている人は、〈好意シグナル〉を送ることも、受けとることもできない。これでは**社交能力を磨く機会が減るうえ、他者の行動を観察し、学ぶこともできなくなる。**

他人から学ぶのは、それほど大変なことではない。ただレストランに出かけ、人間観察をするだけでもいいのだから。食べたり飲んだりしているとき、人は気持ちよくコミュニケーションをはかっている。たとえば、そばの席にカップルがいたら、しぐさや態度を観察し、二人がどんな関係であり、どの程度深い付き合いなのかを推測してみよう。

たとえばレストランに入っていくカップルを見たら、そのしぐさや態度から、二人が交際中か否かを推測できる。手をつないでいれば恋愛感情があるのはわかる。とくに、指をからませて手を握っているカップルは、いっそう親密な関係だ。交際中のカップルは、テーブル席に座ったあと、たいてい次のような行動をとる。

ー　テーブルの中央に置かれている飾り、メニュー立て、薬味などを片側に移す

2　双方が、さっと眉を上げて目を見開く
3　見知らぬ人を見る時間よりもずっと長く、相手の顔を見つめる
4　にっこりと笑う
5　頭を横に傾ける
6　互いに身を乗り出す
7　互いの姿勢を真似る
8　手を握る
9　話しながら、さまざまな身ぶり手ぶりをする
10　ささやく、または声を低め、今は二人きりで話をしているので、誰にも邪魔されたくないというシグナルを周囲に送る
11　料理を分けあう

こうした一連の行動が、カップルを観察していれば見てとれるはずだ。もしかしたら、秘密の関係に気づくこともできるようになるかもしれない。

二人が緊張関係にある場合は、良好な関係には見られないさまざまな手がかりが見つかる。互いの顔をまったく見ない、作り笑いを浮かべている、話しながら皿のほうばかり眺めている、頭を傾けずまっすぐにしている、他に刺激を求め店内のあちこちに視線を這わ

せる、互いの姿勢を真似ない（ミラーリングしない）、相手のほうに身を乗り出さない、それどころか椅子の背にふんぞりかえって互いに距離を置こうとしている、などだ。

二人のうち、ひとりが相手に関心をもっているのに、もう片方が無関心であれば、それも態度やしぐさにあらわれる。相手に関心をもっているほうは、恋愛感情をもっている人間が示すさまざまなシグナルを見せる（好意シグナル）。ところが無関心なほうは、ネガティブなシグナル（敵意シグナル）を示す。

ただし、長年、連れ添ってきたカップルもまた、破綻した関係のようなシグナルを示す場合があるが、必ずしもその二人が悪い関係にあるとはかぎらない。長年、一緒に暮らしてきたカップルは、互いに深い信頼を置いている。だから、裏切られるのではないか、捨てられるのではないかと心配せずにリラックスしているし、居心地よく過ごしている。この域にまで達したカップルを観察していると、驚嘆を禁じえない。つまり、これらのシグナルは50代くらいまでの人々にかぎり応用できると考えていいだろう。

商談中のビジネスマン、異性に声をかけようとしている人、あるいは食事やお茶に行こうと友人を誘おうとしている人を見かけたら、よく観察してほしい。ここで肝心なのは、人が自然に交流している様子をよく観察し、その実態を正確に把握する技術を磨くことだ。充分に練習を重ねれば、人の行動を無意識に観察できるようになり、より効果的にコミュニケーションをはかれるようになるだろう。

第3章

瞬時に心をつかむ「情報コントロール術」

2カ月間、心から他人に関心をもつほうが、
2年間、自分に関心をもたせようと努力するより、
多くの友を得ることができる。

——デール・カーネギー

いかに「気持ちよくさせるか」が成否を分ける

もう何年も前の話になるが、経営危機に直面していたスカンジナビア航空（SAS）のCEOにヤン・カールソンが就任し、信じられないほどのスピードで業績を回復させたことがあった。企業が大きく舵を切って方向転換した成功例として、カールソンの手法は経営の見本といわれるまでになった。

カールソンは、現場で働く者に権限を委譲し、社員がいちいち上司の指示を仰ぐことなく、その場で顧客サービスの問題に対処できるようにした。この方針により、顧客満足度が大幅に改善され、従業員の士気が上がり、業績が回復した。関係者全員が利益を享受する、まさにウィンウィンの関係を築けたのである。

カールソンの経営哲学とビジネス戦略は、人と人とが接触する機会を**「真実の瞬間」**と呼んで重大視したことにある。というのも、**客は従業員の接客態度によって、その企業の印象を決める**からだ。この印象次第で、客は出費するかどうかを判断する。カールソンはこう記している。

「昨年、わが社を一〇〇〇万人のお客さまがご利用になり、そのおひとりおひとりがSA

Sの従業員約五人ずつから接客を受けられた。この五〇〇〇万回の『真実の瞬間』が、企業としての成否を左右する。こうした『真実の瞬間』に、SASが最高の航空会社であることをお客さまに証明しなければならないのだ」

我々においても同じだ。あなたが初対面の人と会うときこそが、その「真実の瞬間」であり、二人の関係がその後どう進展するかを左右する。あなたはその人と友人のように接しただろうか？　それとも、敵のように接しただろうか？　**「相手をいい気分にさせれば、好感をもってもらえる」**。これが**〈好感度アップの鉄則〉**だ。この鉄則を守れば、あなたは初対面の相手と良好な関係を築くきっかけを必ずつくれる。

この鉄則を過小評価してはならない。FBI捜査官だった頃、私は人生のあらゆる局面に立つ人たちに、デリケートな情報を提供するよう説得してきた。スパイとして協力してほしいと頼むこともあれば、犯罪の自白をうながしたこともあった。こうした難関を突破するには、まず、私のことを好きになってもらうだけではなく、信頼してもらう必要があった——命を賭して信じてもらわなければならないことも多かった。

そのため、新米のFBI特別捜査官がいちばん苦心するのは、相手に好意をもってもらうことであり、そのための技術を磨くことだ。困りはてた捜査官が「すぐに好感をもってもらうテクニックを教えてください」と、私に泣きついてくることもよくあった。私はそのたびに、まったく同じアドバイスをした。「人に好きになってもらいたいのなら、**相手**

の自尊心をくすぐり、いい気分にさせなさい」。とにかく、親しくなろうとしている相手に集中するのだ。簡単そうに思えるかもしれないが、訓練を積んできた捜査官でさえ、練習が必要となる。相手の自尊心をくすぐり、いい気分になってもらえれば、あなたは信頼される。人は、幸福な気持ちにさせてくれる相手に引き寄せられ、痛みや不快感をもたらす相手を避けようとするものだ。

会うたびにいい気分になれば、相手はまたあなたと会いたいと思うだろう。そして「またいい気分を味わいたい」と願うだろう。だが、同僚の捜査官がこの目的を達成する際に、ひとつ障害となるものがあった。それは、自分自身のエゴだ。**〈好感度アップの鉄則〉を守ろうとすると、邪魔をするもの、それがエゴである。**

大半の人は「世界は自分を中心に回っている」と思っており、自分が注目の的《まと》であるべきだと考えている。ところが親近感を覚えてもらい、あなたのことを魅力的だと思ってもらいたいのなら、自分のエゴはとりあえず脇に置き、相手にだけ集中しなければならない。**人は、自分に100パーセント注意を向けてくれる相手に好感をもつ**のだから。

残念ながら、この強力なルールを私たちはほとんど使っていない。つい自分のことに夢中になり、目の前にいる人に気を配れないのだ。他人の要求や欲求より、どうしても自分の要求や欲求を優先してしまう。だが実際には、あなたのことを好きになれば、相手のほうから、あなたの要求や欲求をかなえたいと奮闘してくれるのだ。

いい気分にさせる声のかけ方

人に話しかける際に、最初に思いやりの言葉をかけて共感を示すと、相手を主役にすることができる。これは自尊心をくすぐり、いい気分にさせたいときにもっとも有効なテクニックだ。

実際、相手にばかり話をさせるのは意外と難しい。そこで、「今日は、ついていなかったようですね」「なんだか嬉しそうですね」といった言葉をかければ、「あなたのことを気にかけていますよ」という気持ちを伝えられる。こんなふうに気にかけてもらっていることがわかれば、相手はいい気分になるし、気にかけてくれた人に好意をもつ。

共感を示すことは、会話のしめくくりにも有効だ。人は、自分のメッセージが相手にきちんと伝わり、理解されたかどうかフィードバックを求めるものだ。その場合、相手が言った言葉と似たような言葉を繰り返せば、相手は自分の真意が理解されたことがわかり、満足する。

共感を示すには、相手の話に注意深く耳を傾けることが大切だ。一所懸命に耳を傾けていれば、あなたが相手の話に心から関心をもっており、話の内容をよく理解していることが伝わる。

共感を示す際には、相手の様子から会話を始めるといい。「どうやら……のようですね」という気持ちをこめ、話しかけるのだ。これなら、**話題の中心を相手に据えることができるうえ、自分のほうに話を振らずにすむ。**

他にも、シンプルな共感の言葉として「お元気そうですね」「いい1日だったようですね」などがある。私たちはつい「お気持ちはよくわかります」といったセリフを言いがちだが、そんなふうに言うと「君に私の気持ちがわかるものか」と怒りを買うおそれがある。「お見受けしたところ……のようですね」といった言葉で話しかける作戦をとっていれば、**会話の主は相手であり続ける。**たとえばエレベーターに乗ったところ、ニコニコと嬉しそうな表情を浮かべている人がいたとしよう。あなたはごく自然に相手の表情を真似しつつ、「いいことがあったようですね」と声をかければいい。

ただし、相手のセリフを一言一句、そのまま繰り返す「オウム返し」はやめること。これはまったくの逆効果で、慇懃無礼《いんぎんぶれい》で恩着せがましい人間だと思われかねないから注意してほしい。

初対面から相手の懐に入る会話例

以上のテクニックを活用した会話の進め方の例を見ていこう。バーのカウンターに、ヴィッキーという女性が数人の仲間と一緒に立っている。ベンは、ヴィッキーに向けて、態度やしぐさで親しくなりたいというシグナルを送り、彼女もそのシグナルを受けとる。ベンが近づいていくと、彼女は友人たちと声をあげて笑っている。

ベン　『やあ。ベンといいます。君は?』
ヴィッキー　『こんばんは。ヴィッキーよ』
ベン　『なんだか、すごく盛りあがってるね』（共感を示す基本的な声のかけ方）
ヴィッキー　『そうなの。久しぶりに、遊びに出てこられたんだもの』

共感を示す基本的な声のかけ方を習得したら、今度は冒頭の「なんだか」を省略し、もっとさりげなく話しかけてみよう。そうすれば前述のベンとヴィッキーの会話は、こんなふうに展開するかもしれない。

ベン　『やあ。ベンといいます。君は？』
ヴィッキー　『こんばんは。ヴィッキーよ』
ベン　『すごく盛りあがってるね』
ヴィッキー　『そうなの。久しぶりに、遊びに出てこられたんだもの』
ベン　『じゃあ、ずーっと忙しくて大変だったんだ』（さりげなく共感を示す）
ヴィッキー　『ええ。大きなプロジェクトがあって、ここ3週間、週に60時間も働いたのよ』

ベンは話しかける前から、ヴィッキーがニコニコと微笑んだり、声をあげて笑ったりしていることに気づいていた。どちらも、彼女が心から楽しんでいることを示すシグナルである。そこでベンは共感を示す言葉を活用し、彼女の気持ちを代弁した。

こうすることで、ベンはいくつかの目標を達成した。第一に、彼女の気持ちに関心をもっていると伝えること、第二に、話題の主を彼女に固定すること、第三に、彼女の返答から、会話をどんな方向に向ければいいか、手がかりを得ること。「そうなの。久しぶりに、遊びに出てこられたんだもの」という返事から、少なくともここ1週間ほど、彼女がストレスの多い日々を過ごしていたことがうかがえた。そのストレスがどんなものなのか、もう一度共感を示す言葉をかけることで、自然に聞き出すことができた。その結果、話題の主をヴィッキーに据えたまま、自分が彼女に関心をもっていることを伝えられた。

ベンが共感を示す作戦をとったことに、ヴィッキーは気づかなかった。彼女の脳は、これを「常識的な行動」と認識したので、疑念をもったり、身を守ろうとしたりしなかったのだ。さらに、人間の常として「自分が注目の的になるべきだ」と、無意識のうちに考えていた彼女は（人間とはそういうものだ！）、ベンが自分のことだけを見ていることで自尊心をくすぐられていい気分になり、ベンに好感をもった。しかし実は、ベンは〈好感度アップの鉄則〉を忠実に遂行しただけなのだ。

自分で喋らせれば「お世辞」にならない

「お世辞」と「称賛」には、微妙な違いがある。「お世辞」という言葉には、「称賛」という言葉よりもネガティブな意味合いがある。お世辞の背景にはたいてい、自分が利益を得たいがために相手を操作し、利用したいという思惑がある。対して称賛の目的は、相手がなしとげたことを褒め、その気持ちを伝えることにある。**二人の関係が親密になるほど、称賛は絆を強めるうえで重要な役割をはたす。**

だが、まだ付き合いが浅い相手をやたらに褒めると逆効果になりかねない。上っ面の称賛とお世辞は同じものであり、「ずいぶん偽善的なやつだ」と、ネガティブな印象を与えてしまう。他人に操られたり、ウソをつかれたりして、いい気分になる人間はいない。人は、自分の長所や短所をよく自覚している。たとえば、誰かに「○○がお上手ですね」とお世辞を言ったとしよう。ところが相手は、それが不得手であると自覚していれば「なぜこの人はわざわざこんなお世辞を言うのだろう？」と疑問に思う。あなたの評価と自分の評価が一致しないのは一目瞭然だからだ。

これを避けるには、相手に「自分自身を褒めさせるテクニック」を使えばいい。こうすれば、お世辞を言って不快に思われる危険もないし、相手の自尊心をくすぐっていい気分になってもらえるうえ、怒りを買うおそれもない。**「自分を褒める」ときには、あなたの誠意の有無は関係ない。**そして、人は「自分を褒める機会」を与えられれば、喜んで自画自賛する（その機会を、あなたがタイミングよく提供するというわけだ）。

自分を褒めさせるコツは、相手の個性やなしとげたことを把握し、「よく頑張っていますね」「すごいですね」と、そっと背中を押すようなフレーズを言うことだ。〈好感度アップの鉄則〉のとおり、人は自尊心をくすぐられるといい気分になり、その結果あなたに好感をもつ。

ベンとヴィッキーの会話に戻ろう。このテクニックを利用すれば、ベンはヴィッキーに「自分を褒める舞台」を用意できる。

ベン　『じゃあ、ずーっと忙しくて大変だったんだ』（さりげなく共感を示す）
ヴィッキー　『ええ。大きなプロジェクトがあって、ここ3週間、週に60時間も働いたのよ』
ベン　『それだけ大きなプロジェクトを成功させるには、強い意志をもって、集中して頑張りぬかなくちゃならないんだろうね』（自分を褒める機会を与える）
ヴィッキー　『そうね（考えながら）、この一大プロジェクトのために、いろいろと我慢して頑張ったわ。その甲斐あって、自分で言うのもなんだけど、いい仕事ができたはずよ』

ここで肝心なのは「あなたは強い意志をもって集中して頑張りぬく人だ」と、ベンが**直接、彼女の美徳を指摘したわけではないということだ。**仕事ぶりも知らないのにそんなことを言えば、上っ面のお世辞と思われる。だが、自分を褒める機会を与えれば、ヴィッキーは職場での自分の奮闘ぶりを振り返り、そうした美徳が自分にあることを認められる。たとえ、そうした長所が自分にあることを相手が自覚していなかったとしても、不快感をもたれるおそれはない。

ヴィッキーの自己評価がどうであれ、ベンが言ったことは事実であり、そのまま受け流されても害はないし、うまくいけば相手に自分を褒めるチャンスを与えられる。ひいては、いい気分になってもらえる（おまけにベンの好感度もアップする）。たとえ、本来の彼女は強い意志や集中力の持ち主ではなくても、そうした長所があるとほのめかされれば悪い気はしないものだ。

「第三者からの賛辞」は即座に信用される

第三者からの賛辞もまた、相手と親しくなりたいときに利用できる。自分で直接褒めるのではなく、自分が褒めていたことを第三者から伝えてもらえれば、相手をいい気分にさせられるうえ、好感をもってもらえる。**面と向かって褒められると、相手は何か下心《したごころ》があるのだろうと勘ぐり、賛辞を額面どおりには受けとらない。**ところが、第三者から伝えてもらえれば、そうした疑惑をもたれずにすむ。

あなたが褒めていたことを第三者から伝えてもらうには、共通の友人や知人を見つける必要がある。そこから、あなたが褒めていたと伝えてくれそうなタイプの人を選ぼう。共通の知人があなたの賛辞を本人に伝えてくれれば、次回に会ったとき、あなたへの好感度はアップしているはずだ。次に紹介するマイクとソニアの会話の例を見てもらいたい。あなたはピーター。マイクはあなたの同僚。そしてソニアは、あなたがデートしたい相手だと考えてもらいたい。

マイク『この前ピーターに会ったよ。君のことを、実に頭がいいと褒めていた。あれほど問題解決能力に秀でた人には会ったことがないと言っていたよ』
ソニア『本当に？　彼がそう言ってたの？』
マイク『ああ、僕にそう話していた』

同じ賛辞を面と向かって言われるよりも、マイクを通じた伝聞として聞くほうが、ソニアは**あなたの言葉をお世辞抜きの真意として受けとる**。それに、あなたとソニアがまだそれほど親しい間柄《あいだがら》ではなくても、マイクを通じて間接的にあなたから褒められたことで、ソニアはいい気分になる。たとえ、あなたとはまだ面識がない場合でも、実際に顔を合わせる前からあなたに好感をもつはずだ。

「第三者からの賛辞」を根回しに使う

デートしたい相手に自分をアピールする場合だけではなく、職場でも第三者からの賛辞を活用できる。ここでは、FBI内部での例をあげよう。

FBIの職場では、作戦への資金獲得のため、同僚と競う場合がある。自分の作戦により多くの予算を得るため、私自身この「第三者からの賛辞」をよく利用したものだ。

あるとき私の提案が、異動してきたばかりの部長代理によって審査されることになった。そこで、その数週間前、私は噂好きの職員に近づき、「うちの部長にも、ようやく仕事に精通している右腕ができて、本当によかったな」と、さりげなく伝えた。それに「今度の部長代理は有能で、作戦のよしあしを見定める眼識が鋭い」という感想も述べた。噂好きの人間なら、こうした情報に飛びつく。ゴシップ好きは、こうした情報を職場で広めると、自分の価値が上がったような気になるからだ。そして、事態は私の思惑どおりに進んだ。部長代理は、私の賛辞を口伝《くちづ》てに聞いた。面と向かって褒められるよりも、第三者から賛辞を聞かされるほうが、本人はよほど嬉しいものだ。

いざ、部長代理が私の作戦を審査する段になったとき、彼はすでに私に好感をもっていた。私が彼を褒めていたと知っていたからだ。私は彼の自尊心をくすぐり、いい気分にさせた。〈好感度アップの鉄則〉を守ったうえ、下心があるのではないかと怪しまれるおそれもなかった。第三者からの賛辞は脳の「縄張りスキャン」に引っかからないため、警戒心をもたれずにすむからだ。だから、このテクニックが通用しなくても、私に危害が及ぶおそれはない。それでいて、このテクニックが通用すれば、私の作戦が承認を得る確率は高くなる。はたして、その結果は？　私の作戦はおおむね承認されたのだった。

強力な先入観をつくる「初頭効果」

言葉で「現実」を変えることはできないが、「現実の認識」を変えることはできる。言葉は、周囲の世界を観るフィルターをつくり出す。たったひとつの単語で、ある人間を好きになることもあれば、嫌いになることもある。

たとえば、あなたの友人のカルヴァンが、新たな隣人ピートの話をするとしよう。あなたはまだ、ピートという男性と会ったことがない。そんなときカルヴァンから「今度隣に越してきたピートって奴は、どうも信用ならない。用心しろ」と事前に言われたら、初めて挨拶をかわすとき、あなたはピートのことをどう思うだろう？　「信用ならない奴」という先入観をもって、ピートのことを見るはずだ。

これは行動科学の用語で**「初頭効果」**と呼ばれている。初対面の相手であっても、あらかじめ友人から情報を得ていれば、そうした印象を相手にもってしまうのだ。本当に相手が信用ならない人物なのかどうか、実際のところはわからないのに、色眼鏡で見てしまう。こうしていったん偏見を植えつけられると、相手の言うことなすこと、すべてが信用ならないように思えてくる。

その反対に、友人のカルヴァンがピートについて、「すごく感じがいい奴だよ。社交的で、ユーモアのセンスもある」と言ったとしよう。その後実際に初めて顔をあわせたとき、あなたはピートのことをどう思うだろう？　どの程度、感じがいいかどうかにかかわらず、ピートに好感をもつのではないだろうか。

私たちは**誰かに先入観を植えつけられると、まだ会ってもいない人を好意的に、あるいは否定的に見てしまいがちだ。**特に、尊敬している人、好感をもっている人から事前に情報を入手した場合、先入観にとらわれないようにするのは難しい。もちろん、実際に一緒に過ごすようになり、「こいつは信用ならない」と思わされるような出来事が起こらなければ、あなたはしだいに彼のことを「信用の置ける」人間だと考えるようになり、いつかは初頭効果による偏見を捨てることができるだろう。

だが、覚えておいてほしい。いったん「こいつは信用ならない」と思い込み、その人物と再会するのをやめてしまったら、自分の先入観が間違っていたことを知る機会はなくなってしまう。

その反対に、「感じがいい奴」と聞いていた人と会って、何度か不快なことをされたとしよう。それでもあなたはいろいろと言い訳を考える。「きっと、今日は疲れていたんだろう」「あまり体調がよくなかったんだろう」と、勝手に理由づけをしてしまうのだ。このように、相手が実際には感じの悪い人間であっても、「初頭効果」により好人物だと勘違いしていれば、しばらくはそうした印象を捨てることができない。

つまり、この初頭効果をうまく使えば、出会う前から簡単に好印象をもってもらえるはずだ。

case study

「初頭効果」で容疑者の自白もうながせる

私はよく容疑者の取調べで初頭効果を利用した。

銀行強盗の容疑者の取調べを担当したときのことだ。取調室には私と同僚、そして容疑者の計三人がおり、容疑者は私の目の前に座っていた。すると事前の打ち合わせどおり、同僚が「ちょっと電話をかけてくる」と言って、部屋を出ていった。私と容疑者が二人きりで話す機会をつくったのである。

そこで私は容疑者に話しかけた。「彼がこの取調べの担当官になって、君は幸運だよ。正直で公平な男だからな。先入観をいっさいもたずに、君の話に真剣に耳を傾けてくれるだろう」そして同僚が部屋に入ってくる直前、こうつけ加えた。「実は彼には特別な能力があってね。だから公平になれるんだ。あいつは、いわば『ウソ発見器』なのさ。どうしてそんなことができるのかわからないが、なぜか相手がウソをつくと、すぐに察知する」こう言い添えることで、私は容疑者が同僚を見る目にフィルターをかけた。初頭効果を利用し、同僚の能力を高く評価するよう仕向けたのである。

同僚が部屋に戻ってくると、取調べが始まった。だが同僚は、ずっと沈黙を保っていた。私が容疑者に「銀行強盗を働いたか？」という質問を投げかけ、「ノー」という答えが返ってきたら初めて口をひらくと、事前の打ち合わせで決まっていたからだ。容疑者が否定したら、いかにも胡散臭そうに容疑者を見やり、「冗談も休み休み言え」という表情を浮かべるのが、同僚の役割だった。

しばらく質問を続けたあと、ついに私は「銀行強盗を働いたか？」と容疑者に尋ねた。当然、「ノー」という返事が返ってきた。すると同僚が「はあ？」と言い、疑わしそうに容疑者を見やった。すると容疑者がテーブルを叩き、「くそっ、さすがだ！」と叫び、自供を始めたのである（これはまぎれもない実話である）。

取調べを失敗させた「初頭効果」

初頭効果は諸刃《もろは》の剣《つるぎ》でもある。注意しないと、気づかないうちに自分も先入観を植えつけられ、人の行動を誤解したり、曲解したりする危険がある。

まだ新米のFBI捜査官だった頃、私も初頭効果の罠にはまったことがある。

ある容疑者の取調べを命じられたとき、この容疑者は4歳の幼女を誘拐したんだと、事前に同僚から情報を得ていたことがあった。これによって、実際に取調べを始める前から、私の頭の中には初頭効果が植えつけられており、偏見というフィルターができあがっていたのだ。そして、実際にその男性と顔をあわせたとたん、彼が誘拐犯だと決めつけた。その結果、容疑者が何を言おうが何をしようが、それらはすべて私の「フィルター」を通じて解釈され、犯人であることを示唆しているように思えた……現実には、その反対であることを示す証拠が山ほどあったにもかかわらず。

私がプレッシャーをかけるにつれ、容疑者はおどおどしはじめた。それは彼が有罪であるからではなく、私が彼の話を端《はな》から信じようとしないからだった。そのうえ彼は、自分は無実の罪で刑務所に行くことになるかもしれないとおびえはじめていた。こうして容疑者が憔悴《しょうすい》するにつれ、私は彼が誘拐犯だと確信を深め、いっそう高圧的な態度をとった。当然のことながら、しまいに取調べは体《てい》をなさなくなった。ありがたいことに、結局、真犯人が逮捕された。そして私は大恥をかいた。

取調べや面接などで人の話を聞くとき、新たな同僚と会うとき、新製品を使うときには、自分が初頭効果の影響を受けていないかどうか、よく自問してほしい。そして、その人物や製品に関する自分の意見がどのように形成されたのか、振り返るといい。自分の頭で考えた意見だと思っていても、実は初頭効果の影響を受けているかもしれない。

新入社員が職場にやってきたとき、あるいは社員が異動してきたとき、その人が職場に受け入れられるかどうかは、事前の評判に左右される。それは「今度の歯ブラシはいいに違いない」と、頭から決めつけるようなものだ（だってテレビのＣＭで、五人中四人の歯科医が推薦しているのだから、いいに決まっている！）。

初頭効果は強力だ。ぜひ慎重に、賢く活用してもらいたい。

「ちょっとした頼み事」は好感度を上げる

１００ドル紙幣に肖像画が用いられていることでもお馴染みのベンジャミン・フランクリンは、こう考察している。あなたが同僚にちょっとした頼み事をすれば、その同僚は頼み事をされなかったときよりも、あなたに好感をもつ、と。この現象は**「ベンジャミン・フランクリン効果」**として知られている。

そう言われても、ピンとこないかもしれない。普通は、頼み事をしてくる人より、自分の頼み事に応じてくれる人のほうを好きになるのでは？　ところが、実際には違うのだ。

ちょっとした頼み事に応じてあげると、人はいい気分になる。ここでも〈好感度アップの鉄則〉が働き、自尊心をくすぐられるからだ。だから、何かささやかなことを頼んで応じてもらえると、こちらが助かるだけでなく、相手をいい気分にさせることもできる。

ただし、このテクニックは使いすぎないように。ベンジャミン・フランクリンも「珍客は3日もいれば鼻につく」と述べている（しょっちゅう要求ばかりするのは逆効果である）。

さて、バーのカウンターで、初対面のヴィッキーにベンが声をかけた場面で、このテクニックを応用してみよう。

ベン　『それだけ大きなプロジェクトを成功させるには、強い意志をもって、集中して頑張りぬかなくちゃならないんだろうね』（自分を褒める機会を与える）

ヴィッキー　『そうね（考えながら）、この一大プロジェクトのために、いろいろと我慢して頑張ったわ。その甲斐あって、自分で言うのもなんだけど、いい仕事ができたはずよ』

ベン『ヴィッキー、悪いんだけど、ちょっと洗面所に行きたいんだ。このグラスが片づけられないように見ていてくれる？』

ヴィッキー『いいわ、了解』

ベンは、彼女のことをファーストネームで呼んだ（人はファーストネームで呼ばれるのが好きだし、自分の名前を覚えていてくれたことを嬉しく思う）。そして、彼女にちょっとした頼み事をした。こうしたささやかな工夫により、ベンは彼女をいい気分にさせることで、自分の好感度を上げることに成功したのである。

敵国で好感度を上げる軍隊の作戦

場合によっては、本書で紹介されている複数のテクニックを同時に使い、相手と親しくなることもできる。複数のテクニックを組みあわせれば、より効率よく信頼を得られる。たとえばアメリカ軍では、「初頭効果」「好感度アップの鉄則」「第三者からの賛辞」を組みあわせ、敵意や警戒心をもっている地元住民に親しみを覚えてもらう努力をしている。

私自身、アフガニスタンの住民から信頼を獲得する方策を、チームの一員として考案したことがある。「住民のアメリカ兵への恐怖心を軽減させながらも、兵士にはここが戦場であるという意識を維持させる」手法を考え出すよう命じられたのだ。

だが、住民からすれば恐ろしく見える猛者たちに、どうすれば親近感を覚えてもらえるだろう？　なにしろ兵士たちは武装し、ヘルメットを着用し、ガンベルトを腰に巻いているうえ、「しかめっ面」（気合いの入った真剣な顔）をしていたのだ。村にやってきたアメリカ兵たちをひと目見たとたん、住民たちが〈敵意シグナル〉と認め、身構えるのも無理はない。

そこでチームは知恵をひねり、次のような方策を提案した。これまでと同様、村に入るときには武装し、攻撃されたらいつでも応戦可能な態勢をととのえる。だが同時に、次のテクニックも活用するよう助言したのだ。

1　〈人に好かれる公式〉を利用する

何をするでもなく、長時間、村で過ごす。ただ村に滞在するだけでいい。これにより「近接」の条件を満たすことができる。その後、徐々に村を訪問する回数（頻度）と時間（持続期間）を増やす。そして最後に、現地の子どもたちにちょっとしたプレゼントを配れば、「強度」が加わる。

2　〈敵意シグナル〉ではなく、〈好意シグナル〉を送る

気合いを入れた顔をするのはかまわない。だが、その上に仮面として笑みを浮かべる。

3　慣れてきたら、トラックにサッカーボールを積み上げて村に入る

〈好意シグナル〉を送ってさえいれば、子どもたちはアメリカ兵を怖がらない。それどころか好奇心を刺激され（強度）、トラックに近づき、「このサッカーボール、誰の？」と尋ねるだろう。運転手は「君たちのだよ！」と応じ、子どもたちにボールを渡せばいい。

以上三つのテクニックを活用した結果、どうなっただろう？　子どもたちはアメリカ兵のことが好きになった。そして家に戻ると、第三者としてアメリカ兵の賛辞を伝えた。「今日アメリカの兵隊さんに会ったよ。サッカーボールをもらったんだ。いい人たちだったよ」と。すると両親は、子どもたちのフィルター越しに、アメリカ兵のことを見る。そして敵ではなく、友人として心をひらく準備を始める。

これとは反対に、アメリカ兵たちが〈人に好かれる公式〉をいっさいかえりみず、「近接」「頻度」「持続期間」「強度」を増やす努力をせず、「初頭効果」も「第三者からの賛辞」も利用しなければ、いくら村の長老たちに「我々は住民に危害を加えるつもりはな

い」と説明したところで、納得してもらえないだろう。それどころか、ウソつきと見なされるかもしれない。

だが本書で紹介したテクニックを活用すれば、相手の反応を大きく変えられる。単独で活用しても、複数を組みあわせても、**相手をいい気分にさせられれば好感をもってもらえる。**〈好感度アップの鉄則〉を守れば、双方が利益を得る。「あなたが私をハッピーにしてくれるのなら、私もあなたをハッピーにしたい」と自然に思うようになるからだ。たとえ相手が通りすがりの人で、もう二度と会うことがなくても、こうしたテクニックを活用すれば、互いに利益を得られるだろう。

case study

エコノミーからビジネスにアップグレードしてもらう

数年前のこと、私はフランクフルト国際空港で乗り継ぎの便を待っていた。次のフライトでは、エコノミークラスの真ん中の座席に8時間も座っていなければならず、少々気を滅入らせていた。搭乗までまだ1時間ほど余裕があったので、私は待ち時間を有効活用することにした。そこで高校時代に授業で習ったドイツ語を必死になって思い出しながら、チケットカウンターに向かった。もちろん歩きながら〈好意シグナル〉をいくつか送った。眉をさっと上げ、微笑み、頭を少しかしげた。そしてカウンターに到着すると「グーテンターク……」と声をかけた。男性係員は、たどたどしいドイツ語で挨拶をした私の努力に微笑み、同様の挨拶をすると、今度は英語で「いらっしゃいませ」と言った。

私はすぐに要件を切りだそうとはせず、まず共感を示し、係員に話をさせ、自尊心をくすぐることにした。私が途中で相づちを打ったり、わかりますよと声をかけたりするうちに、係員はあれこれと喋り続けた。係員はこの状況が妙だとは思わなかった。人間は自分を中心に世界が回っていると思うものであり、係員の脳も私の行動が正常であると判断して「警戒」スイッチを押さなかったからだ。私は、係員に話をする口実を与え、会話を続けるよううながした。そのため係員はいい気分になり、私に好感をもった。

しばらくすると「もうお客さまのフライトは搭乗がはじまっておりますが、お時間は大丈夫ですか」と、係員が尋ねてきた。「実は、エコノミーの真ん中の座席だから、狭苦しい思いをする時間をできるだけ短くしたくてね」と、私は応じた。それは事実だった。

それから20分ほどが経過し、そろそろ搭乗を締切りますという案内が流れた。私がボーディングブリッジのほうに歩き出すと、係員に呼びとめられた。「ヘア・シェーファー(シェーファーさま)」立ちどまると、係員が近づいてきた。そして、搭乗券を拝見できますかと言った。私はうなずき、搭乗券を見せた。係員はそれを受けとると、別のチケットを差し出した。

「どうぞフライトをお楽しみください、ヘア・シェーファー」

私はそのチケットを受けとった。そして係員が、ビジネスクラスにアップグレードしてくれたことに気づいた。「ありがとう。よくしてくださって」

「とんでもない、気になさらないでください」そう応じると、係員はどうぞというように、飛行機のほうを指し示した。

case study

空いていないはずの席を獲得する

また、こんなこともあった。予定していたフライトの出発が遅れ、周囲の客は腹を立てていた。私が搭乗カウンターの列に並んでいると、前に立っていた男性客が係員に怒鳴りはじめた。「冗談じゃない！　このままじゃ乗り継ぎ便に乗り遅れちまう、どうしてくれるんだ！」女性係員は「申し訳ございませんが、5時30分に出発するフライトにお乗りいただくしかありません」と懸命に応じていた。

そして、私の番となった。私は、見るからに疲弊しきっている係員のほうに歩いていった。べつに何かを期待していたわけではなく、ただ声をかけ、労をねぎらってあげたいと、考えていたのだ。チケットを差し出すと、彼女は受けとり、こう応じた。「申し訳ございませんが、こちらの乗り継ぎ便にはご搭乗いただけません。5時30分のフライトでしたら、予約できますが」

私は彼女の目をまっすぐに見つめ、困ったような顔をすると、「冗談じゃない！」と先ほどの客の口調を真似て言った。彼女がこちらを見たので「怒鳴ってもいいかな？」と尋ねた。彼女はノーと応じ、5時30分のフライトでしたら予約できますと、再び説明した。

そこで私は「怒鳴ってもいいかな？」と、繰り返した。すると、彼女がクスクスと笑いはじめた。「いつになったら、怒鳴ってもいいのかな？」ついに二人とも笑みを浮かべ、しばらく冗談を言いあった。すると彼女が「実は……2時40分のフライトにひとつだけ、空席があるんです」と言い、私の名前をパソコンに入力した。「おや、2時40分のフライトに空席はないと、さっきの客には言ってたよね？」と私が尋ねると、「私を怒鳴りつけるお客さまのお席はないんです。そろそろ、私に怒鳴りますか？」と彼女が応じた。「いや、遠慮しておくよ」と、私はおどけて言った。「ありがとう」

私はなにも、もっと早い時刻のフライトを確保しようと意気込んで係員に近づいていったわけではない。ただ、彼女の気分を明るくしたかっただけだ。だが、相手をいい気分にさせれば、あなたの身にもいいことが起こるのだ。

怒りを吐き出させると、好感度が上がる

私はさまざまな顧客サービス担当者に、「フラストレーションを発散させる」テクニックを使ってきた。このテクニックを利用すれば、間違いなくサービス担当者は怒りをやわらげ、理性を取り戻す。

たとえば、私が外国に出張していたときのことだ。ある観光客一行が乗り継ぎ便を逃し、女性係員にさんざん文句を言っていた。女性係員は懸命に愛想よく接しようとしたが、団体観光客の怒りはおさまらなかった。ついには騒動となり、警官が呼ばれるまでの事態に発展した。

その騒動がおさまったあと、チケットカウンターの行列の先頭に立っていたのは私だった。私は、その女性係員のほうに歩いていくと、「さんざんでしたね」と声をかけた（共感を示す）。

すると、「ええ」というそっけない返事が返ってきた。

「フラストレーションがたまるでしょう」と、私は観察した結果を口にした（共感を示す）。

「ええ、すごく。こっちだって怒鳴ってやりたかったけれど、そんなふうに発散するわ

けにはいきませんから」

わかるよ、というように私はうなずいた。「そうだ、いっそ、君も怒鳴ってみたら？これから私が列の先頭に戻り、もう一度ここまで歩いてこよう。そうしたら、君のところのサービスに文句をつけるから、私に言い返すといい。フラストレーションを発散させるんだ」

女性係員は疑わしそうな顔をしたものの、「オーケイ」と応じた。そこで私はロープが張られた列のところに戻るとUターンし、またカウンターに歩いていった。そして女性係員を指さし、がみがみと言った。「その接客態度はなんだ。まったく、ぶしつけで配慮が足りない……」私がそこまで言うと、「おだまりなさい！」と彼女がぴしゃりと言った。そして、爆発寸前だったフラストレーションを一気に発散し、怒りを吐き出しはじめた。彼女が長々と怒りをぶちまけると、私も言い返した。「はらわたが煮え繰り返っているのはこっちだよ。君には失望したね」

女性係員は息をつくと、こう尋ねた。「どうすれば気をとりなおしていただけます？アップグレードで手を打っていただけますか？」

私は同意のしるしにうなずいた。「ああ、それはいいね」

「わかりました。ファーストクラスにアップグレードさせていただきます」

「ありがとう」と、私は応じた、そして、二人で声をあげて笑った。

その後、搭乗がはじまると、女性係員が搭乗口までやってきた。そして「おかげさまで、気が晴れました」と礼を言ってくれた。

ちょっとしたことで、係員からよくしてもらうケースは多い。私はなにも特別扱いをしてくれと頼んだわけではないし、そんなそぶりも見せてはいない。**ただ相手をいい気分にさせると、好感をもってもらえるだけでなく、おまけがついてくる**のだ。相手は、あなたにもいい気分になってもらいたいと考える。私は実際に同様のことを日々体験している。ちょっとしたサービスの恩恵に浴しているのだ。

第4章

人を引きつける「魅力」の法則

友人をさがしに出かけても、めったに見つかるものではない。
だが自分から友人になろうと出かけていけば、どこでも友人をつくることができる。

——ジグ・ジグラー

考え方が似ている人といると安心するワケ

人は、価値観や感受性が似ていて、さらに行動パターンも似ている人と親しくなりやすい。人には**「認知的不協和を避けたい」**という欲求があるため、できるだけ自分と似たような人と一緒にいたいと思うのだ。「認知的不協和」とは、矛盾する二つの事実を突きつけられると胸のうちで葛藤が生じ、不快感を覚えることを指す。その矛盾が想像上のものであろうと現実のものであろうと、不快になったり不安になったりするのだ。

しかし、似たような価値観をもった人といる場合は互いに安心できるので、お互いにいっそう魅力的に感じる。すると自然に、また会いたいと思う。互いに認めあうことで、両者ともに自尊心が高まり、幸福感や満足感も高まる。ものの見方が似ているので、言い争いにもなりにくい。さらに、**自分が相手とよく似た考えをもっているという認識は「自分は理解されている」「自分は幸せだ」という感覚をもたらす。**したがって、初対面の相手であっても共通点が見つかれば、互いに好感をもちやすくなる。

「共通点」から心に入り込むには？

ＦＢＩで勤務をはじめた頃、私はＦＢＩ捜査官の外見がよく似ているうえ、大半が同じようなものの見方をすることに気づいた。かつては新米捜査官だった職員が、経験を重ねて採用担当になると、**自分たちとよく似たタイプの人間を無意識のうちに採用しようとする**のだ。これを**「類似性の要因」**という。こうして数十年にわたり同じ価値観をもち、同じ服装をし、同じような外観をもつ人間がＦＢＩ捜査官の席を占めてきたのである。

やがて差別を是正しようという動きが生まれ、女性や少数民族の人たちもＦＢＩの職員に加わるようになった。こうした職員が出世して採用担当になると、彼らにもまた自分とよく似たタイプの応募者を選ぶ傾向が見られた。その結果、ＦＢＩにおいても他のアメリカ企業と同様、アメリカの人口構成を反映した多様性《ダイバーシティー》が進んだ。

共通点があると、人は親しみを覚える。すぐに共通点を見つけられれば、早い段階から心を通わせ、信頼関係を育むことができる。アリストテレスは「私たちは自分と似た者を好み、同じものを追求しようとする……自分と同じものを望む人間を好むのだ」と述べている。だから、事前に相手との共通点を見つけておけば、初対面の相手とも親しくなりやすい。

その人物がしていることもまた、共通点の基盤となる。犬の散歩をしている、読書をしている、ベビーカーを押しているなどの行動から、貴重な情報が得られるし、他者との交流方法を観察すれば、その人物の性格をうかがい知ることもできる。たとえば、だらしなく椅子に座ったまま周囲の人と気軽に喋ろうとしない人と、背筋を伸ばして座り、周囲の人と気さくに話す人とではずいぶん性格が違うだろう。

初対面の人なら、挨拶をかわした後は相手の話に耳を傾け、好き嫌いに関する情報を引き出すといい。いくつか情報を得たら、それを使って、自分と共通する話題のほうに会話を導こう。同じような体験、関心事、趣味、仕事など、共通点はさまざまあるはずだ。これが見つかれば会話がはずみ、信頼を得やすくなる。

「同時代体験」を利用する

「同時代体験」とは、会ったばかりの相手であっても、すでに同じことに関心をもち、感覚を共有できていることを意味する。たとえばシカゴ・ホワイトソックスのロゴ入りシャツを着た人と初めて会ったとしよう。あなたもホワイトソックスのファンなら、出会ったばかりにもかかわらず、その人と共通点があることになる。
ただし、ホワイトソックスのロゴ入りシャツを着ているからといって、その人がファンであるとはかぎらないので、話しかけたあとは、共感を示しながら本当にホワイトソックスのファンなのかどうかを探る必要がある。たとえば、次のように会話を発展させていこう。

ブライアン　『やあ。僕はブライアン。君は？』
クリスティーン　『クリスティーンよ』
ブライアン　『ひょっとして、ホワイトソックスのファン？』（共感を示す）
クリスティーン　『生まれてこのかたずっと、ソックスの大ファンよ』
ブライアン　『僕もなんだ』

共感を示した結果、ブライアンはクリスティーンもホワイトソックスの大ファンであることを知った。こうしていったん共通点が見つかれば、あとは話題を選ぶだけで、会話は自然に続いていく。もしもブライアンがソックスのファンでもなければ、特別詳しくもない場合は、野球全般に関する話題へと流れを導こう。

ブライアン　『やあ。僕はブライアン。君は？』

クリスティーン　『クリスティーンよ』
ブライアン　『ひょっとして、ホワイトソックスのファン？』（共感を示す）
クリスティーン　『生まれてこのかたずっと、ソックスの大ファンよ』
ブライアン　『僕も野球は大好きさ。カブスのファンなんだ』

野球という共通の関心事が見つかれば、たとえ異なるチームのファンであろうと、野球の話題で会話ができる。

同郷の人ともまた、すぐに親しくなれる。故郷を遠く離れた場所で出会った場合はなおさらだ。他にも仕事関連の関心事、政治的立場、宗教的信条、知り合い、似たような体験などに共通点があれば、便利な話題となる。なかなか共通点が見つからない場合は、音楽の話をしてみよう。音楽は、多くの人に共通する話題だ。そのうえ音楽は中立的な話題なので、多少、趣味が違っても気兼ねなく語りあえる。

「代理体験」で共通点をつくる

代理体験とは、他の人の生き方や活動を通じて、自分もそうした体験をしたように話すことを指す。ある種の話題についてほとんど知識がなくても、代理体験を利用すれば共通点を見つけることができる。この方法は、相手が大きな関心を寄せている話題がある場合、とくに有効だ。というのも、相手はもっぱら自分の話を披露したいと願っているから、うまく話をさせてあげればいい気分になり、いい気分にさせてくれたあなたに感謝し、好感をもつからだ（好感度アップの鉄則）。これは、営業職がよく使うテクニックだ。

自分が相手の話題に疎《うと》くても、代理体験を利用して共通点があるように感じさせるのだ。

車の販売員　『お仕事は何をしていらっしゃるんですか？』
客　『パン屋だよ』
車の販売員　『奇遇ですね。実は、うちの父親もパン屋だったんです』

車の販売員がパン屋に関する詳細な知識をもっている必要はない。パン屋だったのは父親なのだから。このテクニックなら、誰でも初対面の相手と共通点をつくることができる。

オードリー　『お仕事は何をなさっているんですか？』
スーザン　『ファイナンシャル・プランナーよ』
オードリー　『ええっ、そうなんですか？　実は、うちの姉が会計士なんです』

家族や親戚にはたいてい、話し相手と似たような職業や仕事に就いている人がいるものだ。家族や親戚が思いあたらない場合は、友人の顔を思い浮かべてもいい。ただし、ひとつ注意が必要だ。**たとえ初対面の相手だからといって、ウソをついてはいけない。**親密になり、対人関係が発展すると真実があきらかになり、あなたがウソをついていたことがバレる。知り合って間もない頃に信頼関係を損なうような真似をすれば、即座に心の距離がひらいてしまう。

「運動中」は、人を好きになりやすい？

タイミングよく、ふさわしい場所にいるだけで、相手と親しくなれる場合がある。とくに原因が思いあたらないのに、なんとなくいい気分になったり、楽しい気分になったりすることは、誰にでもあるはずだ。そんなときはつい、**そばにいる人のおかげで楽しいのだと誤解してしまう。**すると、そのときたまたまそばにいただけで、あなたは好感をもってもらえる。とくに何もしていないのに「誤帰属」の恩恵をこうむるのだ。

たとえば運動をすると、脳がエンドルフィンという神経伝達物質を放出する。**エンドルフィンが分泌されると、人は幸福感を覚える。**だが、本人は運動した結果エンドルフィンが分泌されていい気分になったという因果関係には気づかず、**そのときそばにいた人と幸福感とを結びつけて考える。**こうして、いい気分になったのは、そばにいた人のおかげだという「誤帰属」が生じ、偶然にもそばにいた人は魅力的だと思われやすくなる。

では、この「誤帰属」をどう利用すればいいだろう？　この現象は、さまざまな場面で活用できる。スポーツ好きの人なら、何かスポーツ関係の集まりを主催してもいいし、フィットネスクラブに入会するのもいいだろう。あるいは同好会などに参加するのもいい（初級者向けであれ上級者向けであれ、グループでウォーキングやジョギングをするのは、誤帰属を利用する絶好のチャンスだ）。

「誤帰属」をデートに使うと仲が深まる

さて、あなたがお目当ての相手をデートに誘いたいと思っているとしよう。当然、できることならイエスの返事をもらいたい。こんなときにも「誤帰属」を利用できる。

たとえば、意中の相手がよくジョギングやエクササイズをしているのなら、その最中か直後に、「たまたま出会う」工夫をしよう。出会ったからといって、なにも言葉をかわす必要はない。**同じ空間を共有するだけで誤帰属が作用し、自分を魅力的に見せられる**のだから。もし、相手がワークアウトを目的にフィットネスクラブに通っていて、あなたもワークアウトが好きなら、一緒の時間帯にクラブに通ってみよう。身体を動かしている間そばにいるだけで、好感をもたれる可能性が高まる。同様に、意中の相手がエクササイズ好きの同僚である場合、相手が運動を終えてオフィスに戻ってきたときにそばにいて話すようにするといい。あるいはエクササイズのあと、相手が近所のコーヒーショップに行くのであれば、ちょうどその頃あなたもコーヒーショップで休憩してみよう。エンドルフィンが分泌されている最中か、その直後に目当ての人のそばにいるだけで、自分の魅力をアップさせることができるはずだ。

また意外なことに、おびえたり、精神的に深く傷ついたりしたときにも、誤帰属が生じる。**一緒に恐ろしい体験をしたり、精神的に傷ついたりした人には親近感を覚える**のだ。悲惨な戦争を生き延びた兵士は、戦友と強い絆で結ばれる。精神的につらい体験を共有した警官は、互いに心を通わせる。その昔、アメリカの大学の社交クラブでは「新入りいじめ」が横行していた。このつらい試練に耐えた新入生たちはその後親友となり、なかには生涯続く友情を育んだ者もいた。

ホラー映画も同様の反応を引き起こせる。誰かと一緒にホラー映画を観にいけば、恐ろしい体験の共有により誤帰属が作用し、双方が相手に好感を覚える。だから**初デートにホラー映画を観にいくのは名案だ。**同様に、長い付き合いの相手との関係が退屈になってきたら、スカイダイビング、バンジージャンプ、ジェットコースターなど、スリルが味わえるアトラクションに挑戦するといい。恐ろしい体験を共有すれば相手との距離が縮まり、友人や恋人との絆がいっそう強まるはずだ。

case study

好奇心を利用してスパイにスカウト

好奇心は、「強度」を高める「フック」として利用できる（人に好かれる公式）。相手の好奇心を刺激するような行動をとれば、相手は自分の好奇心を満足させるべく、あなたに近づこうとする。FBI時代、私はよく「好奇心のフック」を利用し、外国の国籍をもつ市民をスパイとしてスカウトしたものだ。

あるとき、北朝鮮国籍の市民をスパイとしてスカウトすることになった。その男はアメリカでスパイ行為を働いている証拠があがっており、私は「二重スパイにならないか」と男を説得する任務を命じられた。私は男が勤務する写真店に入っていった。「私はジャック・シェーファー、FBIだ。今、話せるかな?」などと単刀直入に切りだそうものなら、男はあわてふためき、店から飛び出していくだろう。そこで私は「好奇心のフック」を仕掛けて、釣りあげることにした。

私は、男が店にいない時間帯を見はからい、写真店に入っていき、「会えなくて残念だった」というメモを残し、「ジャック・シェーファー」という署名も添えた。しかも三回、同じことを繰り返した。さらに三度目の訪問の際には、メモにこちらの電話番号を書き添えた。**三回ともメモを残したのは、好奇心を刺激するためだ**。このジャック・シェーファーという男は何者だろう？　なぜ接触をはかってきたのだろう？　男はそう疑問に思うに違いない。そして私がメモを残すたびに好奇心をつのらせるはずだ。この作戦は奏功した。私の電話番号を添えたメモを残したあと、男から電話がかかってきたのだ。そして、週末に会う約束をしたのである。

「返報性」を利用して「未来の味方」をつくる

何かをもらったり、好意で何かをしてもらったりすると、同等もしくはそれ以上のものをお返しするのが当然だという社会通念がある。企業はこの社会通念を利用し、寄付を依頼する小冊子と一緒にカレンダーや本人の所番地を記載したラベルなどを送り、お返しを期待する。**人は最初に何かを受けとってしまったら、なんらかのかたちでお返しをしなければならないような気になるからだ。**

こうした「返報性」の精神は、相手と親しくなるときにも活用できる。誰かに微笑めば、相手は微笑み返さなくてはならないような義務を感じる。微笑みは「あなたを受け入れている」「あなたに好感をもっている」というシグナルだ。そして、人は好感をもたれるのが好きだ。そのため、自分を好いてくれている相手には自然と好感を覚える。そして人は、同じ感情を相手と分かちあおうとする。このように第一印象で好感を与えられれば、互いがいっそう好感をもつようになるため、返報性の精神を利用できる。

また**誰かに礼を言われたときにも、「どういたしまして」と応じるのではなく、「お互いさまですから」と言うといい。**こうすれば、相手の返報性の精神を刺激できる。すると相手は、あなたから頼み事をされたら役に立とうという意欲をもつ。

「自己開示」はさじ加減が重要

返報性はまた率直なコミュニケーションを生む。自分の個人情報を開示すると、相手もお返しとして、同程度の個人情報を明かそうという気になるからだ。すると自然に、二人の関係は強化される。

また、**自己開示をすると、魅力ある人物と思われるようにもなる。**自分の弱みを見せる人、自分の深い考えや率直な思いを話す人、自分自身に関する事実をあきらかにする人は、親近感をもたれやすい。話に個人的な感情がにじみ出れば、相手はいっそうあなたに好感をもつ。

もちろん、あまりにも平凡な話をしても効果はない。また、あまりにも個人的な秘密を開示しすぎると、あなたの性格の欠点までが浮き彫りになってしまう。**知り合ってまだ日が浅いのにぺらぺらと自分の秘密を喋るような人間は、あぶなっかしいと思われ、好感度も下がる。**長期にわたる関係を築きたい場合や、相手にとって大切な存在になりたい場合、あまりにも早い段階から自分の秘密を打ち明けないよう自戒しよう。

すなわち、自己開示の注意点は二点にまとめられる。第一に、あまりにも平凡で当たり前の話をしたり、あまりにも深い秘密を教えすぎたりしないこと。第二に、共感、思いやり、尊敬をもって受け入れられるような情報を選ぶことだ。

自己開示とは相互に行うものだ。ひとりが自己開示し、それに対して今度は聞き手が同じように話す。こうして互いに関する情報を交換しあううちに、二人の間に親密な感覚が生まれる。

ひとりが自己開示をしているのに、相手が差しさわりのない情報しか開示しなければ、二人の関係は進展せず、そこで途絶えてしまうので気をつけよう。

オンラインだと「個人情報」を出しやすくなる理由

せっかく親しくなった相手とこのまま長く関係を続けたい場合は、ヘンゼルとグレーテルが利用した方法を使う。おとぎ話の中でヘンゼルとグレーテルは、森の中へと入っていく際、帰り道がわかるよう目印としてパンくずを落としながら歩いていった。自分に関する情報を伝える場合、私はこの「パンくず」法をお勧めする。せっかく相手と知り合っても、たいていは時間の経過につれ交流がなくなり、疎遠になるものだ。**だから人間関係の寿命を延ばしたいのなら、長い時間をかけて自分の情報を小出しにして教えるといい。**

「この人は信用できる」と、ひとたび思いさだめてしまうと、私たちはつい堰を切ったように自分の気持ちを吐き出してしまう。だが短時間にあれもこれも明かしてしまうと、相手は気圧《けお》され、閉口してしまう。自己開示は相手との距離が縮まり、心が通っていることを確認しながら、長い時間をかけて行うものだ。ヘンゼルとグレーテルがパンくずを一片ずつ落としていったように情報を小出しにしていけば、人間関係の寿命を延ばせる。自己開示が続いていれば、互いが近い関係にあることを常に実感できるからだ。

双方が自己開示をすれば、信頼が生じる。自己開示をした人は、いわば相手に弱みを握られたことになる。だからこそ互いが自分の情報を明かせば、それぞれが相手の弱みを握ることになり、安心感を得られる。信頼を裏切ろうものなら双方が恥をかく結果になるため、それぞれが明かした秘密をなんとしても守ろうとする力が働く。

ソーシャルネットワークのユーザーには、人と親しくなりたいとき、自己開示に頼る傾向がある。直接顔をあわせてコミュニケーションをとる場合は、態度やしぐさ、言葉でシグナルを送受信できるのに、ネット上の交流だけでは相手のことを信用していいかどうか、わかりにくい。そのうえ、ネットでやりとりされる情報の真偽のほどは定かでなく、情報の吟味には時間がかかる。だから相手がウソをついていないことがわかれば、実際に顔をあわせることができない穴埋めに、つい自分の個人情報を次々とさらけ出してしまう。しかし、**いくらネット上で自己開示をしたところで、互いの距離が縮まるわけではないし、信頼関係が深まるわけでもない。**

「魅力」の基準は「外見」だけではない

人を引きつける魅力をそなえている人は、それだけで有利だ。**魅力的な人は「長所が多い」という印象をもたれやすい。**男女を問わず外見に恵まれた顔立ちのよい人には、才能があり、やさしく、正直で、知性があると見なされる傾向がある。複数の対照実験の結果、魅力的な人が困っていると、性別に関係なく多くの人が自ら手助けにいくことがわかっている。外見のいい人に好かれたい、受け入れられたいという思いがあるからだ。

しかし、それだけではない。魅力は懐《ふところ》具合《ぐあい》にも関わってくる。魅力的な人と、魅力的でない人とを比較したところ、魅力的でない人は、平均的な外見の人よりも5〜10パーセント収入が少ない。そして平均的な外見の人は、魅力的な人よりも3〜8パーセント収入が少ない。

また魅力的な学生は教師に目をかけられやすく、高評価を得ていることも判明した。顔立ちのいい患者は、医師から丁寧に診察してもらえるし、魅力がある犯罪者は、そうでない犯罪者よりも軽い刑を言い渡される。ハリウッドの映画スターが起こした事件を見れば、彼らの魅力が司法制度に影響を及ぼしていることがわかるだろう。

とはいえ、「美は見る人の目の中にある」ということわざにもあるように、文化によって「魅力」の基準は大きく異なる。それに、**魅力は「絶対的」なものではない。**だからこそ、あなたも努力を重ねれば、今よりもっと魅力的になれる。“Teach Yourself Body Language”（ボディランゲージを習得しよう）の著者ゴードン・ウェインライトによれば、適切なアイコンタクトを活用し、陽気に振る舞い、その場にふさわしい服装を心がけ、ワードローブに明るい色調の服を加え、相手の話によく耳を傾けるよう努力していれば、人を引きつける魅力が高まるそうだ。また同書は、姿勢や立居振る舞いの重要性を強調しており、1週間、背筋を伸ばして立ち、おなかをへこませ、頭を高く保ち、出会う人みんなににっこりと微笑むよう指南している。そうすれば、魅力的な人物と見なされ、あたたかく人から接してもらえるようになり、尊重され、もっと多くの人を引きつけることができるという数々の実験結果が出たという。

生まれついた自分の容姿に不満を言っても仕方ない。魅力的な人に見せる努力をすれば、さまざまな点で優位に立てることを覚えておいてもらいたい。

「ユーモア」で親密度をアップする

社交の場でユーモアを活用する人は、好ましく思われる。とくに一対一で会話をする相手に快活なユーモアを利用すれば、「信頼できる人」「魅力のある人」という印象を与えられる。分別をわきまえたユーモアを使える人は、その場の緊張をやわらげ、リラックスしたムードをつくり、相手と急速に親しくなることができる。異性との会話の中で、わずかにきわどいジョークを使えば親密の度合いを深めることもできる。

ユーモアにはもうひとつ効用がある。**声をあげて笑うとエンドルフィンが分泌され、い**

い気分になるのだ。そして、ここでも〈好感度アップの鉄則〉が作用する。相手を笑わせてエンドルフィンを分泌させられれば、好感をもってもらうことができる。

会う回数が増えると親しみを覚える

出会う回数が多く、交流する頻度が多い相手ともまた、親しくなりやすい。心理学者レオン・フェスティンガーは二人の同僚とともに、二階建ての小さなアパートにおける人間関係を調査した。すると、住民は同じフロアの住人と親しくなりやすいことがわかった。異なるフロアに暮らす住民同士は親しくならないが、一階の階段や郵便受けのそばに部屋がある住民は例外で、両方のフロアに友人がいた。

このような人間関係は〈人に好かれる公式〉の要素のひとつ、「近接」に影響を受けている。まだ正式に紹介されていなくても、**そばにいる人には魅力を覚えやすい**のだ。教室の座席表を見ていると、どの受講生がどの受講生と親しくなるか、予測をつけられる。席が近い受講生とは親しくなりやすいが、遠くの席の受講生とは親しくなりにくい。同様に、職場では隣の席に座る人との間で恋愛感情や友情が生じやすいこともわかっている。

「会えないと思いがつのる」という言葉があるが、これは真実とはかぎらない。遠距離恋愛中の二人が婚約している場合、二人が暮らす場所が離れれば離れるほど、婚約破棄となる確率が高くなるのだから。

「つるむ相手」で見え方が変わる

ある人が大人数のグループの一員である場合、外部の人はグループ全体の印象を、その個人にもあてはめて考える。だから**自分を魅力的に見せたいなら、魅力的な人が集まるグループの一員になるといい。**反対に、いくら魅力的な人でも、あまり魅力的でない人たちとつるむと、そのように見える。

大人になってもそうした現象は高校時代と大差ない。「人気者」に見られたいのなら、「人気者」と連れだって行動するべきだし、成功しているビジネスマンと見られたければ、成功しているビジネスマンと行動をともにすべきだ。

とはいえ、背伸びをすればするほどいいわけでもない。この印象効果は、大きなグループの一員であるときには有効だが、ひとりか二人と連れだっているときには、逆に作用する。**二、三人の少人数で行動しているときに魅力的に見られたいのなら、自分より見劣りする仲間を選ばなければいけない。**さもないと、あなたは引き立て役になる。

たとえば、モデルハウスの見学に出かけたとしよう。朝、居心地のいい自宅から外に出て、1日中あちこちのモデルハウスを見学する。帰宅してみると、自宅がずいぶん見劣りするように思える。さきほど見たばかりの立派なモデルハウスの数々と比べると、自宅の粗《あら》が目立つからだ。少人数のときにはこれと同じ現象が働いてしまう。

自尊心で魅力がアップする

人間は、自信をもった人物と仲間になるのを好むため、**自尊心の高い人は簡単に人を引きつけ、親しくなることができる。**そうした人は自信をもっているため、注目を浴びても居心地悪く思わない。自分のことを人に話すのもいとわないので、人との間に垣根をつくらない。誰かに拒否されたとしても、それは単なる現象のひとつであり、自分の価値を否定されたとは思わない。

一方自尊心の低い人は、自分のことをあまり人に明かそうとはしない。こうして自己開示できずにいると、自分の身を守ろうとする気持ちがいっそう強くなり、批判や拒否をおそれるようになる。本当は**自己開示をすると、人と親しくなる道がひらける**のだが、残念なことに自尊心の低い人はその道を自ら閉ざしてしまう。

とはいえ、「自尊心」と「傲慢」の差は紙一重だ。傲慢な人はよく優越感を覚え、人との間に距離を置こうとする。すると、同じように傲慢な態度や行動をとる人以外からは「変わっている」と思われ、嫌厭《けんえん》されてしまう。

手が届きそうにないものほど、欲しくなるワケ

人は、簡単に手に入れることができない物や人に引かれる。物の場合、手が届きそうにない物ほど欲しくてたまらなくなる。ところが切望していた物をいざ獲得すると、あっという間にその魅力は薄れる。この現象は、クリスマスプレゼントをもらったあとによく見られる。この1年、欲しくて欲しくてたまらなかった物が、子どもたちへのプレゼントとしてクリスマスツリーの下に置かれていたとしよう。ところが数日後には、もう子どもたちから見向きもされなくなっている。同じ現象は、人付き合い――とくに浅い付き合い――にも見られる。女性たちがママから言い聞かされてきた「デートのルール」は、科学的に見て理にかなっている。**簡単に手に入れることができないからこそ謎めいた存在となり、追い求めるだけの価値があると思われる**のだ。

本書の「はじめに」に登場したウラジミールを思い出してもらいたい。私はウラジミー

ルの前に何日も黙って座り、ひたすら新聞を読み続けた。すると彼は、なぜ毎日ここにくるのかと、私に尋ねた。私は新聞をたたんで彼を見やり、「あなたと話がしたいからです」と言った。そしてすぐに背筋を伸ばすと彼のことを無視し、再び新聞を読みはじめた。この行動がウラジミールの好奇心をかきたてた。ウラジミールは、手に入らないものが欲しくなった。そしてついに私に話しかける決意をしたのに、私はその後も彼と話そうとはしなかった。するとウラジミールはよけいに私と話したくてたまらなくなったのだ。

「禁止命令」は衝動を高めることになる

世の親はこの事実を痛感している！　子どもに「○○をしてはいけません」と禁じると、子どもはいっそうしたがるということを。わが家の娘はティーンエイジャーの頃、とあるごとに母親と私を試そうとした。あるとき娘は自宅にひとりの若者を連れてきて、私たちに紹介した。頭頂部を10センチ以上ジェルで立てて固めた髪型をしており、見える範囲の肌の大半がタトゥーでおおわれているうえ、玄関脇にバイクで乗りつけている。私は節度をもって彼を迎えたものの、本心では娘の友人選びに深い失望を覚えていた。

翌日、「彼のことどう思う？」と娘に尋ねられた。二度と会うな、と言いたかったものの、禁止すればするほど娘があの男に熱をあげるのは目に見えていた。そこで私は、次のような戦略を実施することにした。「私とお母さんは、おまえが正しい判断をくだせるように育ててきた。だから**おまえの判断を信用する。**あの青年と交際するのが自分の人生にとっていいことだと思うのなら、おまえの決断を尊重する」と伝えたのだ。

その後、その男と会うことは二度となかった。

それから10年の歳月が流れ、娘は26歳になった。私たちは、娘がティーンの頃の思い出話をしながら、キッチンに座っていた。すると驚いたことに、娘が例の若者の話をもち出した。そして「細かいことは忘れてしまったけれど、パパとママがルール違反をしたから頭にきて、あの男の子をわざと家に連れてきたの」と説明した。ところが、正しい判断をくだせると信じているから、おまえの決断を尊重すると言われ、良心の呵責《かしゃく》を覚えたという。あの若者と交際するのが自分の人生にとっていいことだとは思っていないのに、自宅に連れてきたのは間違いだったと自覚したのだ。

「おかしいわよね、親を怒らせようと思ってしたことなのに、罪の意識を覚えるなんて」

娘にそう言われ、私は自分の戦略が奏功したことを10年後に知ったのである。とにもかくにも、私はほっとしたのだった。

恋愛では「初対面の印象が悪い」ほうが関係を強くする

初対面の二人は、ときに互いに好印象をもたないことがある。ところが恋愛においては、**最初からウマがあうよりも、時間をかけて親密な関係になるほうが強い絆で結ばれる。**このシナリオは、ロマンティック・コメディの映画でよく使われる。たいてい、ひとりの男性がひとりの女性と出会う。男性は、彼女のことが気にいらないし、女性もまた彼のことが気にいらない。ところが映画の終盤では、二人は恋仲になっている。一筋縄ではいかないプロセスを経ると、より強い恋愛感情が芽生えるのだ。

「ゴマすりしない」で上司に目をかけてもらう方法

以前、私の職場に直属の上司が異動してきたときのことだ。同僚たちはみな、諸手《もろて》を挙げて彼女を歓迎したが、私はわざと距離を置き、彼女にあまり関心がないようなそぶりをし、ときにはわずかに否定的なボディランゲージをしてみせた。その後、彼女と会話をする機会があるたびに、私は少しずつポジティブなボディランゲージを見せるようにした。それから数カ月後、私は完全に方向転換をした。そして彼女に「あなたは素晴らしい上司です。あなたの管理能力を心から尊敬しています」と伝えた。その日から、私と彼女は強い信頼関係で結ばれた。**初対面のときから彼女に好意を見せていたら、これほど心を通わせることはできなかっただろう。**おかげで、乏しい財源からの資金調達や休暇を申請するとき、私は同僚より優位に立つことができた。

「外向型」か「内向型」かを見分ける方法

巷には、文字通り無数の「性格」や「タイプ」に関する情報があふれている。なかには科学的に論証されたものもあるし、軽い読み物として楽しまれているものもある。こうした性格タイプ論ではたいてい、それぞれのタイプの人の行動パターンの例があげられている。誰かが「あの人は、私のタイプじゃない」と言うとき、それは外見の特徴を指していることも、考え方（宗教や政治の信条など）を指していることもあるが、たいていは「性格」を指している。その人の性格が自分とはあわない、と言っているのだ。

性格タイプの中で、もっとも説得力があるのは「外向型」と「内向型」という分類だ。

短期・長期にかかわらず、交友関係を進展させるうえで、この二つの性格タイプは大きな役割をはたしている。

外向型は内向型より人を引きつける力がある場合が多い。外向型は集団の中にいるのを好み、自信があるように見える。よって初対面の相手と付き合いをはじめる前から、相手が外向型か内向型かを把握しておけば、相手がどんな行動をとるか、あらかじめ予測できて便利だ。

あなたが外向型で、これから会う予定の相手が内向型なら、双方の世の中の見方には違いがあることを覚悟しておこう。外向型は、人と一緒にいると元気になり、周囲の環境に刺激を求める。そしてじっくり考えてから言葉を口にするのではなく、考えながら喋る。また決断をくだすまでに、当たって砕けろの精神でいろいろと試してみる。

反対に、内向型は社交の場にいると疲れてしまい、ひとりきりで過ごす時間で充電したいと考える。内省することで刺激を得るし、よく考えもしないうちに喋るような真似はしない。そして決断をくだすまでに、さまざまな選択肢を慎重に検討する。

外向型は、さまざまな種類の交友関係を維持する。とはいえ、そうした関係はどちらかといえば浅いものになりがちだ。いっぽう内向型は、交友関係の数こそ少ないものの、深い付き合いをする。そのため内向型が外向型と交際を始めると、内向型はもっと緊密な付き合いを望むが、外向型は乗り気にならない。すると双方が満足する関係を結びにくくなり、二人の違いが際立ってきて最終的に互いに魅力を感じにくくなる。

外向型は、自分が今考えていることを口にし、会話を発展させようとする。深く考える前に、頭に浮かんだことを発言してしまうのだ。この屈託のなさが、外向型をトラブルに巻き込む。だから、あなたが内向型なら、**外向型はいつなんどき爆弾発言をするともかぎらない**ことを、覚悟しておこう。

内向型と外向型は、社交の場でたいてい異なる行動をとる。外向型は、知らない人が多い場所にも臆することなく出かけていく。かたや内向型は、知らない人に囲まれていると居心地が悪くなる。とはいえ気心の知れた友人や仲間と一緒にいるときには、内向型は外向型と同じくらい社交的になれる（しばらくの間は）。

話している相手が外向型かどうか知りたければ、会話中に、ひとつの文章を最後まで言いきらず、わざと途中で終わらせてみるといい。相手が外向型なら、すぐに口をひらいて、かわりに文章を最後まで話してくれるはずだ。かたや内向型は、そんなことはしない。話している相手が外向型か内向型かがわからないときにはこの手法を使い、相手がどちらのタイプか判断してみるといい。また相手が内向型だと見当をつけたものの、双方の間に信頼関係を築けているかどうか確認したいときにも、この手法を利用できる。あなたと一緒にいて居心地よく感じていれば、内向型はあなたが言いかけたことを、かわりに最後まで言ってくれるだろう。

case study

外向型の秘書が口をすべらせた例

外向型の人に関して、私には少々苦い思い出がある。私は当時、容疑者に関する個人情報を数カ月にわたって集め、相手がどんな性格タイプなのか判別しようとしていた。そして、苦労して収集した情報を基に、容疑者を取調べる戦略を立てていた。この作戦の成否のカギを握っていたのは、私の秘書だった。まず彼女が容疑者に電話をかけ、そこから作戦がスタートする予定だった。私は彼女とリハーサルを繰り返し、本番にそなえた。

当日、彼女は容疑者に電話をかけたものの、相手はなかなか話に乗ってこなかった。そこで私は、なにげない会話を続けて容疑者を安心させるよう彼女に助言した。すると、しだいになごやかな会話の中で容疑者が気を許しはじめた。だが、あろうことか、秘書まで気を許しはじめたのである。そして「仕事は何をしているんですか?」と容疑者から尋ねられると、彼女は思わず「FBIに勤めているんです」と口走ってしまった。もちろん、作戦は失敗に終わった。いかにも外向型らしく、秘書は考えることなく、質問に答えてしまったのである。

タイプによって反対の言葉が効くセールストーク

あなたが営業職なら、セールスの口上をはじめる前に、相手が外向型か内向型かを把握したほうがいい。相手が内向型なら、説明後にじっくり考える時間を与えなければならない。内向型は情報を入手したあと、よくよく考えてから決断する。早く決断するよう急かすと、内向型はノーと言うだろう。内向型はすぐに決断をくだすことに抵抗を覚えるからだ。かたや外向型には「今すぐ」ご決断になってくださいと、ある程度急かすことができる。外向型は即断するほうが気持ちいいからだ。

ただし、外向型か内向型かがひと目でわかることはめったにない。性格タイプは明確に二分されているわけではなく地続きの関係にあり、どちらかの傾向が強いだけだからだ。なかには、それぞれの特徴を半分ずつもっているような人もいる。とはいえ、大半の人はどちらかの傾向を強くもっているので、どちらかの特徴が出ることが多い。

また職務上必要であれば、内向型は外向型のように振る舞える。集団で過ごすことが求められる仕事に就いている内向型は、社交的に振る舞える。とはいえ、外向型であれば自然にできる振る舞いであっても、内向型にはつらい作業となる。だから仕事のあと、彼らは本来の内向型の姿にもどる。公私をしっかりと区別できていれば、職場で本来の自分とは相反する行動をとらざるをえなくても、それほどストレスは感じない。

ところが、私生活では様相が異なる。内向型が初対面の相手と会ったとき、外向型のような振る舞いをしたとしよう。その後も交流が続き、内向型が徐々に「本来の自分らしい」行動をとるようになると、相手はショックを受ける。だから初対面のときから自分の性格タイプに即した振る舞いをするほうが、勘違いされるよりよほどいい。ジキルとハイドのような行動をとっていると、健全かつ強固な交友を続けられなくなるので注意すること。

第5章

相手を「思い通りに動かす」言葉の使い方

結婚生活においても友人関係においても、
人との絆を強めるものは会話に尽きる。

——オスカー・ワイルド

上司をムッとさせる「注意フレーズ」

次のシナリオは世界中の組織で、日々、演じられているものだ。このシナリオを読めば、良好な対人関係を築くうえで言葉がどれほどの威力を秘めているかがわかるだろう。また**会話で使う単語ひとつで、信用を獲得できるか否かが変わる**こともわかるはずだ。

新卒のステーシーは、就職先として人気のある大手化学会社に入社した。職場では、持ち前の技能を発揮し、情熱をもって仕事にあたっていた。担当分野の最先端の情報を収集する努力を怠らなかったし、社の収益を増やすべく、もっとも費用効果の高いテクニックを常に追求していた。

あるときステーシーは、ある化学製品の製造コストを下げる革新的な手法を発見した。これは大きな突破口となるに違いない。そう考えた彼女はすぐに上司のところに行き、自分のアイデアを説明することにした。

彼女は興奮もあらわに上司のオフィスに入っていき、腰を下ろす間もなく、出し抜けに話を切り出した。「あなた方は、この製品をこれまでずっと誤った方法で製造してきました。でも私は、はるかにコストがかからない製法を発見したんです！」

するとあろうことか、上司はいかにも邪魔そうに手を振り、「出ていけ」と彼女に命じた。そして「自分の仕事に集中しろ」と声を荒らげた。彼女はすっかり意気消沈し、デスクに戻った。そして、「もう二度と自発的に提案なんかするものか」と、胸の内で毒づいた。

自分のアイデアが受け入れられなかった理由が、残念ながらステーシーにはわかっていなかった。実際、提案しようとした内容はよかったのだが、その伝え方に関する配慮が足りなかったのだ。コミュニケーションは、ただアイデアを伝えればいいというものではない。**アイデアを「どう伝えるか」もまたコミュニケーションの一部**である。うまくコミュニケーションをはかるには、いくつか基本的な留意点がある。上司に対するステーシーの言葉には、次のような間違いがあった。だからこそ、上司は彼女のアイデアを聞こうともしなかったのだ。

1　私が正しい、あなたは間違っている

「私は正しい」「私のやり方のほうがいい」と断言する人は、この発言の逆効果に気づいていない。こちらが正しければ、自然と相手が間違っていることになる。こちらのやり方のほうが効率的であれば、相手のやり方は劣っていることになる。「私は正しく、あなたは間違っている」という姿勢を示せば、**相手は自尊心や自分の評判を守るべく、守勢にま**

わろうとする。このような断定をされたことで、わが身を守ろうとする人は嫌悪感を示し、提案されたアイデアを採用することなど考えもしない。

2　私vsあなた

ステーシーは、「あなた」「私」という代名詞を使った。このような代名詞を使うと、対立が生じる。「あなた」と「私」という枠組みができ、対立構造が生じるからだ。**対立構造ができれば、そこから勝者と敗者が生じる。**競争を招き、互いにネガティブな感情をもつようになる。すると当然、有効なコミュニケーションは成立しなくなる。

3　認知的不協和

認知的不協和は、複数の矛盾する考え方にとらわれたときに生じる。違和感を覚え、落ち着かない気分になり、腹を立てたりイライラしたりするのだ。ステーシーの場合、彼女にそんなつもりはなかったのだが、上司に認知的不協和をつくり出してしまった。ステーシーが正しければ、上司が間違っていることになる。つまり彼女のほうが賢く、上司は劣っていることになる。とはいえ、その不協和を解消する方法はいくつかある。この場合、上司は自分が間違っていることを認めることもできた。あるいは自分の手法が正しく、ステーシーの手法は現実的ではないと、彼女に説明することもできた。あるいは善意こそあるものの、彼女がまだ未熟な社員であり、つけあがってはならないことを思い知らせるため、彼女を即刻、追い払うこともできた。そして上司は、最後の方法を選んだ。このように**認知的不協和が生じると、まず成果はあがらない。**

4 エゴ

人は生来、利己的な生き物であり、世界は自分を中心に回っていると考えている。ステーシーは「私」という単語を使うことで、自己中心的であることを示した。そのうえ、上司より自分のほうが上だと示唆することで、意図せずして彼を攻撃した。こんなふうに攻撃されれば、「こっちは20年間管理職をやっているんだぞ。なのに、この経験の浅い新卒の鼻垂れときたら、自分を何様だと思ってるんだ？ オフィスにズカズカと入ってきて、この20年間私がずっと間違った方法をとってきたなどと断言する前に、もっと経験を積む必要があるだろうに。とっととデスクに戻り、自分の仕事をしろ！」と反発を覚えるのは当然だ。**このとき上司は頭の中で、「常識」や「社の収益」より、自分の「エゴ」を優先したのである。**こうしてエゴを優先させると、結局は多くの人を傷つけ、数々の名案を潰すことになる。

どんな企画も通す魔法の言葉

ステーシーは、「あなた方は、この製品を今までずっと誤った方法で製造してきました。でも私は、はるかにコストがかからない製法を発見したんです！」と断定するのではなく、もっと健全なコミュニケーションをはかるべきだった。次のような言葉を選べば、もっとふさわしいやり方で彼女の大発見を上司に伝えられたはずだ。

「お忙しいところ、失礼いたします。実は、わが社にもっと利益をもたらす方策について**アドバイスを頂戴したいと思いまして**」

多忙な上司に時間を割いてもらうことに対する恐縮を示せば、彼女が上司を「自分より上の人間」だと見なしていることを伝えられる。さらに「アドバイスを頂戴したいと思いまして」というセリフは、五つの目標を達成している。第一に、ステーシーは上司を関係者として巻き込む環境をつくり出した。こうすることで、上司はまるで自分がこのプロセスに関わっているかのような気になる。第二に、否定されるような言葉がなかったことで認知的不協和が避けられ、上司は心を閉ざすことなく新たなアイデアを受け入れやすくなる。第三に、上司が「自分を中心に世界は回っている」という幻想をもちやすくなる。

「ステーシーがアドバイスを求めているのは、私に知性と、20年もの経験があるからだ」と思い込むのだ。第四に、二人が師弟関係にあることを強調できる。つまりステーシーが成功すれば、上司も成功したことになる。第五に、「この道のベテランとして、若輩者の自分に知恵を授けてほしい」という彼女の言葉に尊敬のニュアンスを感じ、上司はいい気分になる。するとここでも〈好感度アップの鉄則〉が働き、上司は彼女に好感をもつ。

相手に好感をもっていれば、その発言を受け入れやすくなる。「わが社」という単語を使うことで、彼女は会社に深い思い入れをもっていること、また自分がチームプレーヤーであることを伝えた。「わが社にもっと利益をもたらす」という表現は、アピール力も強い。**上司が経費削減を自分の手柄にできるとなれば、なおさらだ。**アドバイスを与えることで、上司もプロジェクト発案者のひとりになれるのだから。素晴らしいアイデアの発案者として自分も名を連ねていることがわかれば、そのプロジェクトを熱心に推進しようとするものだ。

「おいしい成果」はみんなで分ける

ただし、この方法にも気になる点がある。こうして上司に助言を仰ぐと、プロジェクトを成功させたあと、その栄誉も上司と分かちあわなければならないことだ。一見、これでは不公平であり、納得できないかもしれない。アイデアを思いついたのは彼女なんだから、その栄誉は彼女が独占すべきじゃないか、と。

だが栄誉を分かちあうからこそ、大きな恩恵をこうむることができる。それは「善意」だ。**「栄誉」は賞味期限が短い。それにひきかえ、「善意」は長期保存が可能だ。**たとえば、あなたが出したアイデアを、一つの皿に盛ったおいしい料理にたとえよう。自分ですべて食べてしまえば、腹はふくれてもそれで終わりだ。しかし、これをみんなでシェアすれば、**他の人はあなたに借りができる。**そして、いつの日かあなたが助けを必要としたとき、あなたの味方となって、手を差し伸べてくれるだろう。

case study

猫に「メトロノームの音」が聞こえなくなるとき

相手の話を聞くのは、言うは易く行うは難しだ。特に外向型にとって、これはつらい作業となる。いつも言いたいことで頭がいっぱいの外向型は、相手の話などろくに聞いていないうえ、話をさえぎって自分の話をはじめたいと思うのが常だからだ。そうなれば当然、相手の発言にじっくりと耳を傾け、内容を自分の中で咀嚼《そしゃく》し、適切な対応をすることなどできない。とはいえ、目の前で相手が喋っているのに、その声を完全に「遮断」し、「耳に入れない」ことなどできるのだろうか？　答えは「できる」。実は、半世紀以上前に行われた実験が証明しているのだ。

当時の心理学者たちは、実に珍妙かつ倫理的に問題がありそうな動物実験を実施した。猫の脳の聴覚をつかさどる部分に電極を埋め込み、その後の数日間、餌を与えなかったのだ。当然、猫は空腹感をつのらせた。電極を埋め込まれたまま腹をすかせた猫は、メトロノームがある部屋に入れられた。メトロノームは一定の間隔でカチカチと音をたてている。室内にはまたオシロスコープ（訳注：電圧の変化を波形で表示する測定器）も設置され、音声が心電図のように波型でスクリーンに表示される仕組みになっていた。

はたして、その結果は？　メトロノームがカチカチと音をたてるたびに、猫の脳に埋め込まれた電極がその音を拾った。そしてオシロスコープのスクリーンには波形があらわれた。すなわちこれは、「猫にメトロノームの音が聞こえている」ことを意味した。だが、この実験が興味深いものになるのはこれからだ。一匹のネズミがこの部屋に入れられた。猫はすぐさま、自分の餌になりうるものに注目し、ネズミの一挙一動を食い入るように見つめた。すると、驚くべきことが起こった。スクリーンの波形が平らになったのだ！　メトロノームはまだ音をたてており、その音は猫の耳に届いてはいるのだが、どういうわけか猫の脳はその音を遮断したのである。つまり、猫はもはやカチカチカチという音を聞いていない。猫は完全にネズミに集中しており、実際には「聞こえている音」を遮断したのだ。

猫と同様のことが、人間にもあてはまる。**私たちは相手の言っていることを遮断できる。**つまり、いくら話をしたところで、相手が必ず聞いているとはかぎらない。

相手が言っていることにしっかりと耳を傾けたいのなら、「アクティブリスニング」（積極的傾聴）という手法を用いるといい。相手と親しくなりたいときに活用できるツールとして有効だ。ここではLOVE（Listen, Observe, Vocalize, Empathize）という頭文字で、アクティブリスニングのキーワードを覚えよう。「耳を傾ける」「観察する」「声を出す」「共感を示す」が、キーワードだ。

アクティブリスニングのルール 1　耳を傾ける

相手が話しているときに「耳を傾ける」ことは「黙っている」こととは違う。耳を傾けるということは、相手の話に完全に集中しなければならない。というのも、**人は普通に話すスピードの四倍もの速さで考え事をするため、話を聴いている最中につい他の事を考えてしまう**のだ。アクティブリスニングでは、この誘惑に抵抗しなくてはならない。話し手は、聞き手が話を聞いていなければ、必ず気づく。

相手の話に集中すると同時に「私はあなたの話に聞きいっていますよ」と伝える最善の方法は、**アイコンタクトをすること**だ。アイコンタクトはまた〈好意シグナル〉でもあるため、話し手と心を通わせるのに役立つ。相手が話しているとき、その三分の二から四分の三にあたる時間、アイコンタクトを続けると、自分を印象づけることができるし、「私はしっかりと話を聞いています」というメッセージを送ることもできる。ただし、くれぐれも相手の話をさえぎらないように。なかでも外向型はとくに注意が必要だ。まだ相手が話を終えていないのに、その先を自分が言ってしまい、そろそろこちらに話をさせてくれと急かしかねない。**人は「自分に話をさせてくれる人」が好きだ。**とりわけ、自分自身に関する話をさせてくれる人が好ましい。「友人とは『お元気ですか』と尋ね、その返事を聞くのを待ってくれる人」という言葉がある。実に名言である！

また、**共感を示せば、相手の話に耳を傾けていることを立証できる。**うまく共感を示すには、話を聞きながら相手の感情の波、身体の様子などを観察するといい。その際、相手の発言を別の言葉で言い換えると、話に集中できる。たとえば、あなたがデパートに買い物に出かけたとしよう。すると、とても疲れたような表情を浮かべている店員がいた。この店員が相手では、期待していたようなサービスが受けられないかもしれない。そう考えたあなたは「今日は忙しかったようですね」「長い1日だったんでしょう。そろそろ帰れそうですか？」といった言葉をかけてみた。すると、あなたが店員の様子を心配していたことが伝わり、相手はいい気分になった、という展開も期待できる。

とはいえ、あまりにもあたりさわりのない退屈な会話が続くと、つい他の事を考えてしまうから、それを防ぐためにも共感を示す相づちを積極的に打つことを心がけよう。たとえば「週末は湖までドライブに出かけたんだ」と、同僚が嬉しそうに話しているとしよう。あなたは同僚の話にまったく興味がない。それでも「ずいぶん楽しかったみたいだね」と共感を示せば、あなたが話を聞いており、話の内容に関心をもっているように伝えられる。

「共感の表示」は、会話のスパイスだ。このように共感を示すことを習慣にすれば、あなたは人の話をもっと注意深く聞くようになる。その結果、相手はいい気分になり、あなたに好感をもつ。**人は自分の話をするのが好きだし、相手が共感を示しながら話を聞いてくれると、いい気分になる。**ここでも〈好感度アップの鉄則〉があてはまり、相手はあなたのことがいっそう好きになり、あなたを友人として受け入れるようになるだろう。

アクティブリスニングのルール２　観察する

誰かと実際に会って交流すると、コミュニケーションが二つのレベルで生じる。バーバル（言葉で伝える）とノンバーバル（言葉を使わずに、身ぶりやしぐさで伝える）だ。言葉を使うコミュニケーションの前、最中、後には、必ず相手のボディランゲージや態度を観察しよう。それは会話の成否のバロメーターとなる。適切な会話ができているか、内容の濃い会話ができたか、不快に思われるような話をしなかったか……。**相手が後ろにもたれていたり、胸の前で腕を組んでいたり、唇をきつく結んでいたりしたら、会話がうまく進んでいない**ことがわかる。見たくないこと、聞きたくないことから、人は距離を置こうとするからだ。

こうした態度は、身を乗り出す態度とは反対のことを示している。胸の前で腕を組むのは、相手をブロックしようとするジェスチャーであり、見たり聞いたりしているものを心理的にも身体的にも遮断したいと思っていることを意味している。

また、室内を見まわしたあと、腕時計に目を落とし、「そろそろ行かないと」と言ったり、ドアなど室内の他の方向に足先や身体、あるいはその両方を向けたりするのも、話を聞いていないシグナルだ。このように、**相手がこちらの話に関心をもっていないことがわかったら、話題を変えるべきだ。**おそらくあなたは自分のことばかり話し続け、相手への配慮が足りなかったのだろう。

また、「地雷ワード」には気をつけなくてはいけない。同じ単語でも、人によって受けとり方は異なる。ときにはそうした単語が地雷のような役割をはたし、せっかく進展していた人間関係を粉々に吹き飛ばすこともある。そうした地雷ワードに気を悪くすれば、相手は何も言わずにあなたと距離を置くか、あなたと話をするのをやめるだろう。とはいえ、相手の態度やしぐさを観察していれば、自分が何か相手の気にさわることを言ったのだと察しがつく。地雷ワードを言われた相手は、顔をしかめたり驚いたような表情を浮かべたり、あとずさりをしたりするものだ。

そうしたシグナルを察知したら、「何かお気にさわるようなことを申し上げましたか？」と尋ね、危機を脱出するよう努力すること。もし、相手から気を悪くした理由を教えてもらえたら、悪気はなかったことをきちんと説明し、謝罪すること。**どんな言葉を不快に感じたかわかりあえれば、たいていその場で不快感を消すことができる。**そして誠実な謝罪の姿勢から、前よりも好感度を上げることもできる。話し手にとってはまったく悪意のない単語であっても、相手が気分を害する理由がわからなければ地雷ワードになりうることを、よく覚えておいてほしい。

人種によって変わる「地雷ワード」

教室では不注意による「地雷ワード」のせいで予想外の大波が立つことがある。これには二つの理由がある。こんにちの受講生の多様性と、その数の多さだ。**ことに人種問題に関しては、講師は細心の注意を払わねばならない。**受講生によっては、ひとつの言葉にまったく異なる反応を示すからだ。あるとき講義をはじめようとしたところ、私のノートパソコンが立ちあがらないことがあった。何度電源を押しても画面は真っ黒なままだ。そこで私は「パソコンに詳しい人、いるかな?」と尋ねた。ひとりの受講生がうなずくと、こちらにやってきて、ノートパソコンをささっと調整し、私に返してくれた。私は「ありがとう、おかげで画面が白くなったよ。黒より白のほうがいいからね」と、その受講生に礼を言った。

すると受講生の中のある黒人男性が、この発言にすぐ反応した。「黒より白のほうがいいとおっしゃいましたね。人種差別主義者の言い草だ」。もちろん私には、人種差別的な中傷をするつもりはまったくなかった。私はノートパソコンの画面の様子を話したつもりだった。画面が白くなれば、パソコンが起動したことがわかる。つまり、無事に起動したパソコンは、起動しないパソコン(画面が黒い)よりいいと言いたかっただけなのだ。しかし、その受講生は私の発言に異なる意図を感じとり、反感を覚えた。これは私のまったくの不注意によるものだったが、地雷ワードはこのような危険を常にはらんでいる。

もうひとつ、似たような話を友人の教師から聞いたことがある。彼女は国際マネジメントを教えており、当然のことながら他国出身の受講生も多数、受講していた。学期も半ばをすぎた頃、ある講義の開始直前、アメリカ人の男子学生が別の男子学生のところに歩いていき、「調子はどうだい、ダウグ（dawg）？」と挨拶した（訳注：dawgはスラングで「仲間」の意味をもつdog《犬》に由来する単語）。こう挨拶をされた学生は、相手を突然殴りつけた。のちにわかったことだが、その男子学生は中東出身であり、かの地で「犬」と呼ばれることは大変な侮辱にあたると考えられているのだ。

地雷ワードには、常に注意しよう。聞き手がネガティブな反応をしたにもかかわらず、気づかずに話し続けてしまうと、聞き手が怒りを爆発させる。そこであわててしどろもどろになって言い訳ばかりすると、聞き手はいっそう怒りをつのらせる。

万が一地雷を踏んでしまったときにはすぐに謝罪し、「共感を示す」のが最善の策だ。聞き手の気持ちに寄り添い、その感情を別の言葉で言い換えるのだ。こうすれば言い訳がましく聞こえないし、相手の気持ちを慮《おもんぱか》っていることを伝えられる。第3章で述べたように、基本的には「どうやら……のようですね」という気持ちを込めるといい。だが**「あなたのお気持ちはわかりますよ」と言われると、人は必ず反論したくなるので要注意だ。**

共感を示せば相手に感情のはけ口を与えられる。鬱積した感情をいったん吐き出させることができれば、その後、たいてい会話はもとに戻り、また普通に情報交換ができるようになる。感情的になった相手に激昂《げきこう》されるような事態を回避すれば、そのまま信頼関係を維持できるのだ。

うっかり地雷ワードを使ってしまったら、そこから学び、二度と地雷を踏むことがないよう、教訓を肝に銘じよう。残念ながら、**地雷ワードがこの世から消えてなくなることはない。**それどころか私たちが暮らす世界には、あちこちに地雷原が潜んでおり、いつなんどき、そうした地雷原に足を踏み入れてしまうともかぎらない。また個人的な対人関係で二人の間に地雷原があれば、親しくなるのも、いったん築いた関係を維持するのも難しくなる。

地雷原があちこちに潜む現実世界で、実際に相手と話をしてコミュニケーションをはかる場合は、次の点に注意しよう。

1 自分がこれから言おうとしている単語について、事前によく考え、地雷ワードになりそうな単語はけっして使わないこと
2 聞き手を観察し、あなたが話している間に何か変わった様子や反応がないか見ること。もし反応があったら、地雷ワードを使ってしまったおそれがある
3 あなたが地雷ワードを使ったせいで、聞き手が怒りをあらわにしても、**言い訳をしたり、逆ギレしたりしないこと**
4 聞き手が不快感を示したら、それが自分の発言のせいかどうか、確認すること。

もしそうであれば、そのような単語や言い回しを使ったことを謝罪し、悪気はなかったこと、聞き手を傷つけるような言葉だとは思っていなかったことを説明してから、そうした言葉は二度と使わないと言明し、その後は本当に二度と使わないこと

唇をすぼめるのは「反対意見」を言う合図

唇は、ちょっとした表情が出てしまう場所である。唇を、目で見てわからないほどわずかにすぼめたり、丸めたりするのは、意見の相違をあらわしている。この唇のすぼめ方が強くなると、意見の相違や不一致の度合いが強いことを意味する。**相手の言っていることやしていることに、胸の内で異を唱えていると、聞き手は思わず唇をすぼめるからだ。**

唇は、相手が考えていることを推測するうえで、万国共通の手がかりとなる。ただし、唇をすぼめるのは、相手が敵であると考えていることを示すシグナルではない。あなたと過ごす時間を楽しいと思っている人でも、あくまで意見の相違という点から唇をすぼめることがある。

唇を見るのが大切なのは、反対意見を未然に防ぐことができる点にある。ある人物があ

なたのアイデアや提案に、いったん反対意見を表明すれば、**「言行一致の法則」**が働き、意見を覆すのが大変になってしまう。いったん何かを断言したら、人はその言葉を裏切らないような行動をとろうとするからだ。だから聞き手が唇をすぼめるのがわかったら、**反対意見を口にする前に手を打とう。**そうすれば、相手を説得できる可能性が高くなる。

また職場や家庭でこの知識を活用すれば、自分の意見を相手に聞き入れてもらいやすくなる。たとえば、あなたが奥さんに何か提案したいとしよう。「そろそろ、釣り用のボートを買う余裕ができたんじゃないかな。ボートで釣りに行きたいなあ」

そして経済的に余裕ができた根拠の説明をはじめると、奥さんが唇をすぼめた。奥さんはあなたに反論しようと、今頭の中でセリフを考えているはずだ（お財布に余裕なんてないわと、奥さんは考えている！）。こういうときは、奥さんが反論を表明する前に、自分の意見を正当化する根拠を述べなければならない。さもなければ、奥さんが反対意見を口に出してしまい、**一度言ったからにはその後も自分の意見を守ろうとするために、ボートを購入できる確率はぐんと低くなる。**

上司が唇をすぼめたら

ＦＢＩに勤務していた頃、私は常に自分が提案する作戦に資金や人手を投入してもらうべく奮闘していた。ＦＢＩでは資金も人手も乏しかったため、その獲得をめぐり、私は同僚と競争せざるをえなかったのだ。一度、こんなことがあった。

あるプロジェクトに資金が要ることを上司に説明していると、上司が唇をすぼめたのである。これは困った。上司は私の意見を今にも潰そうとしている。上司がいったん反対意見を表明したら、もう意見を変えさせることはできないだろう。そこで先手を打つべく、私は上司に共感を示すことにした。「このアイデアがうまくいきそうにないとお考えなのはわかります。ですから、成功する理由を説明させてください」と言ったのだ。私には、上司がどの点を問題視しているかが正確にわかっていた。**ある部分について説明を始めたとき、唇をすぼめたのが見えた**からだ。そこで私は、上司の不安を払拭《ふっしょく》すべく、その部分について時間をかけて説明することができた。

今度あなたが上司にプロジェクトを提案するときには、唇をすぼめないかどうか注意して観察してほしい。話の最中に上司が唇をすぼめたら、上司はあなたの案に反対しようとしている。だから**上司が唇をすぼめたら、ただちに説得にかかること。**反論を口に出される前に、上司の考え方を変えるのだ。そのためには、いつでも共感を示せるよう心積もりをしておく必要がある。たとえば「こんなプロジェクトは無理だとお考えになっているのはわかります。しかし、私にもう少しだけ説明させてください。このやり方が最高の案であることが、必ずご理解いただけるはずです」などと言い添えられるようにしておこう。「疑念をおもちなのはよくわかります」と共感を示したうえで機先を制し、上司に意見をひるがえさせる努力をすることが肝要だ。

唇を噛む・結ぶ人は不満をもっている

「人の心を読む」もうひとつのテクニックは、唇を噛む様子を見逃さないことだ。唇を噛むとは、唇を軽く歯で噛むか、上唇か下唇を歯で引っ張るかのどちらかの行為を指す。

このしぐさは、何か言いたいことがあるのに、口にするのをためらっていることを示している。英語の"Bite your lip"には「口を閉じ、言いたいことを我慢しろ」という意味もあるが、これは理にかなっている。たとえば私は講義中に受講生が唇を噛んでいるのがわかると、「何か言い足したいことがあるようだね」と、発言をうながす。すると大半の受講生は、本心を読まれたことに驚いたような顔をするものの、私に注意を払われていたことに気づき、いい気分になる。

唇をきつく結ぶしぐさには、唇を噛むしぐさと似たような意味があるが、それよりもいっそうネガティブな意味合いを帯びる。**唇をきつく結ぶのは、何か言いたいことがあるのにそれを口にするのを渋っている**ことを示している。容疑者はよく、自白する前に唇をきつく結ぶ。何か言いたいことがあるのに、唇をきつく閉じることで、言葉が口から飛び出さないようにしているのだ。

唇に触れるのは「不安」のあらわれ

自分の唇に、手、指、鉛筆などの物で触れるのは、今の話題に居心地の悪さを覚えていることを示している。**唇を刺激すれば、そのデリケートな話題からいっとき注意をそらし、不安を鎮められる**からだ。私が取調べを行った容疑者は、触れてほしくないことを質問をされ、居心地が悪くなると、思わず唇に触れることがよくあった。この「物言わぬ手がかり」を目にすると、私は「この話題を続けるのは、君にとって具合が悪いようだね」と共感を示し、その話をもっと掘り下げるようにした。すると容疑者はたいがい、その話題を居心地悪く思っていることを認め、居心地悪く思う理由を話しはじめたものだ。

唇に触れるしぐさを観察すれば、ビジネスや社交の場で大いに役立つ。たとえば、あなたが一対一で新製品の売り込みをしているとき、客が唇を指先でそっと撫でていれば、要注意だ。**このしぐさを目にしたら、共感を示すべきだからだ。**たとえば「ずいぶん調子のいい話だと思われるのも当然です。お客さまは以前にこの製品をお使いになったことがないのですから」と言い、相手がその製品やサービスのどこに不安を覚えているのか、説明してもらおう。不安に思っている理由がわかれば、その不安を払拭するような説明をセールストークにつけ加え、売り込みをかけられる。

社交の場なら、聞き手の様子を観察し、相手が気まずい思いをしないように努めることだ。たとえば、あなたがデリケートな話題をとりあげてしまい、**相手が唇をきつく結んだら、すぐに話題を変え、それ以上刺激を与えないように気をつけたほうがいい。**あなたと相手の間に信頼関係ができていれば、あなたは安全にもとの話題に戻れるはずだ。

アクティブリスニングのルール3 「話し方」の工夫

ときには「話し方」が、話の内容そのものより大きな役割をはたすことがある。とりわけ「口調」には注意が必要だ。話の内容がどんなものであれ、口調は聞き手にさまざまな情報を伝える。どのくらい人を引きつけ、関心をもってもらえるかは、使われる単語よりも口調で決まる。

口調は、単語だけでは伝えることができないメッセージを伝える。深く低い声を出せば、相手に恋愛感情をもっていることを伝えられるし、甲高い声を出せば、こちらが驚いたり疑念をもったりしていることを伝えられる。大声を出せば、横柄な人間という印象を与えてしまう。**どんな声を出すかで、相手を引きつけることもできるし、即座にそっぽを向かせることもできる**のだ。

話すスピードでも印象を変えることができる。早口で話せば、急ぎの用事だという意図を伝えられるし、退屈な会話を終わらせることもできる。**わざとゆっくりした口調で話せば、相手に関心をもっていることを伝えられる。**映画の中の俳優は「ハロー」という挨拶をゆっくり言うことで、相手に恋愛感情があることを示す場合がある。反対に、淡々とした口調でのろのろと話すのは、相手に関心がないか、話し手がひどく内気であることを示している。葬儀の最中や悲劇的な出来事があったときには、このタイプの話し方をよく耳にする。

子をもつ親は、口調に抑揚をもたせれば、子どもの行動をコントロールできることに気づくだろう。私は不快感を示したいとき、よく子どもにゆっくりと低い声で話しかけた。また怒っているときには、子どものファーストネーム、ミドルネーム、ラストネームを、聞こえよがしにゆっくりと発音したものだ。その反対に、同意を示すときには「グッド《よろしい》」と、短くきっぱりと言うことにしている。

口調を変化させると、あなたのメッセージに感情をのせることができる。私にはシカゴのアクセントがあるため、語尾の発音を省略して話す癖がある。シカゴにいたときは、自分が語尾を発音しないことに気づかなかった。みんなそうしていたからだ。ところが他の地域に行くと、語尾を発音しないのは傲慢だ、まるで見くだされているようだと思う人がいることがわかった。また、皮肉を言うときにも注意が必要だ。口調を変え、「これは冗談ですよ」という意図が伝わるようにしないと、誤解されてしまうおそれがある。

声の抑揚もまた、会話中に話し手を交代したいときに威力を発揮する。文章の最後で声を低くすれば、「これで自分の話は終わりです、今度はあなたが話す番ですよ」という合図を送れる。だから、話し手が文章の最後で声を低くしておきながら、そのまま話し続けたら、今度は自分が話す番だと身構えていた聞き手はイライラするだろう。**会話をひとり占めすると、好ましい人物だとは思われにくくなる。**

また、「会話の順番を交代するシグナル」を相手がいっさい送っていないのに、あなたが勝手に話しはじめてしまっても、好感を得にくくなる。会話のエチケットを守らなければ相手は立腹し、あなたと親しくなろうとは思わなくなる。

これを避けるため、**話しはじめる前にほんの一瞬、間を置くことを習慣にするといい。**

とくにあなたが外向型である場合はなおさらだ。内向型は間を置くことで、これから話す内容を頭の中でまとめている。内向型には、話す前にじっくり考える傾向があることを覚えておかなくてはならない。さもないと内向型の思考プロセスを邪魔してしまい、結果として敬遠されることになる。また外向型の人は間を置くように意識することで、うっかり口走るのではなく、話す内容をよく考えてから発言できるようになる。この習慣を身につけたおかげで、私はこれまで何度も恥ずかしい思いをせずにすんできた。

言い方の工夫1　相手の面子を保って「選択」を操作する

あなたが正しく、相手が間違っている場合、相手の顔を立てる方法をさがすこと。相手にできるだけ恥ずかしい思いやきまりの悪い思いをさせないようにしながら、同時に自分の意見を伝えるようにすれば、相手はあなたの思いやりに感謝し、好感をもつはずだ。

人間には、生来「間違いを正したい」という欲求がある。とはいえ、自分が正しくあろうと努めたばかりに意図せぬ結果がもたらされる場合がある。そのひとつが友情の喪失だ。面子《メンツ》を潰さないようにする配慮を怠り、**相手に恥をかかせてしまうと、友好関係にひびが入る。**私はこれを身をもって学んだことがある。

以前、保護観察官たちのグループに報告書のまとめ方を指導していたときのことだ。講義の前に、私は受講者の数名と雑談をした。そして、いつもどんなふうに報告書を書く練習をしているのかと尋ねた。するとある受講者が、自分の指導官は報告書をまとめるのが天才的にうまいんです、と応じた。すると他の数名がうなずき、「先輩は報告書の達人です」「流麗な文章をお書きになるんですよ」と同意した。「先輩からは、ひとつのことを表現する際に、いろいろな言葉を使うよう指導されています」「あの方のご指導がなければ、どうすればいいのかわからないほどです」という感想まで出ていた。

私はその指導官のほうを見た。彼は目を輝かせ、誇らしげに微笑んでいる。その会話と指導官の反応は、私が気づくべき赤信号だった。だが、気づいたときには手遅れだった。その指導官の自尊心は、後進たちから「文章の達人」としてあがめられていることで支えられていた。実際、彼が所属する組織においても「文法のことなら彼に聞けばいい」と一目置かれていたのである。

そうした話を聞いた後、私は講義をはじめた。そして簡潔かつ効率よく報告書を作成する方法を、実際にFBIで作成された見本で示したあと、デモンストレーションをはじめた。すると数人の受講者が、これからこの方法で報告書を作成しようと思います、こうすれば裁判で異議申し立てを受ける確率が減りますから、と感想を述べた。

ところが、例の指導官が反論をはじめた。この方法で報告書を作成するのはFBIでは有効かもしれないが、自分の組織ではふさわしくないというのだ。そして彼は「私は大学で英語を専攻しました。報告書の作成にあたっては、同じ言葉を繰り返し使うよりも、同義語を使うほうが読み手に関心をもってもらえます」と断言したのである。

そう反論され、私は致命的なあやまちを犯した。自分が正しく、彼が間違っていることを証明しようとしたのだ。私は彼に、"said"（言った）という動詞の同義語はなんですかと尋ねた。すると彼は「told（話した）、explained（説明した）、mentioned（言及した）です」と答えた。私はそこで、「では、ここを法廷だと見立てましょう。あなたは法廷で目撃者の役を演じてください。私は被告側の弁護士役をします」と指導官に頼んだ。彼は同意し、次のような法廷劇が始まった。

私（弁護士）　『あなたの報告書で使用されている"stated"（明言した）とはどんな意味か、定義を教えていただけますか』
指導官（目撃者）　『確信をもって事実を説明した、という意味です』
私（弁護士）　『ありがとうございます。では、あなたの報告書の中で使用されている"explained"をどう定義なさいますか？』
指導官（目撃者）　『内容をわかりやすく話した、という意味です』
私（弁護士）　『ありがとうございます。では、あなたの報告書によれば、私の依指導官（目撃者）　頼人は最初の発言は確信をもって述べており、二番目の発言は確信をもって述べていないことになりますね』

私（弁護士）　『いいえ、そういう意味ではありません。被告は、どちらも確信をもって述べています』

指導官（目撃者）　『しかし、あなたはそうは書いていません。あなた自身の"stated"と"explained"の定義の説明によれば、前者は確信をともない、後者は確信をともなわないことになる。そうですね？』

私（弁護士）　『いいえ、違います。被告はどちらも、確信をもって述べています』

指導官（目撃者）　『もし、どちらも確信をもって述べているのなら、なぜ、あなたは両方の文章で"stated"という同じ単語を使わなかったのですか？』

『ううむ。わかりません』

こうして私は指導官のあやまりを正したわけだが、それは多大な犠牲をともなう勝利だった。「間違いを正したい」という私の欲求が、すべてを台無しにしたのである。その時点から、室内には息苦しいほどの緊張が張りつめた。私は受講者に、より明確な報告書の書き方と、指導官のあいまいな報告書の書き方のどちらかを選ぶよう強制してしまったのだ。当然のことながら、受講者は指導官の味方をした。

このように「間違いを正したい」と願ったばかりに意図せぬ結果を招くことは、職場や家庭で日常的に起こっている。そんなつもりはないのに、上司、同僚、友人、配偶者の気持ちを自分から遠ざけ、不要な軋轢《あつれき》と緊張を引き起こすのだ。

だが安心してもらいたい。もっといい方法がある。誰も悪者にしないためには、**「正しいのは自分だ」と正当性を振りかざすのではなく、相手にアドバイスを求める手法をとればいいのだ。**そうすれば、相手も意思決定プロセスに参加できる。そのうえ、相手はいい気分になる。というのも、**あなたが助言を求めてきたため、自分の地位が上がったように感じる**からだ。〈好感度アップの鉄則〉のとおり、相手をいい気分にさせられれば、あなたの好感度は上がる。

同様のテクニックを、セールス担当者は長年の顧客と新規の客の両方に活用できる。あるテキスト教材の出版社の販売員は、よく私のオフィスにやってきて、新たな教材の売り込みをしている。彼らは一様に「今度のテキストは、今お使いになっているテキストより、よくできておりまして」と、セールストークを始める。そのとおりなのかもしれないが、そうした売り込み文句はよい結果を招いていない。今使っているテキストを選んだ私の判断が間違っていたことを、暗に匂わせることになるからだ。よって私は気分を害する。「教授、このたびテキストのデザインを一新いたしました。ご一読のうえ、なにかアドバイスを頂戴できませんでしょうか」と言われれば、いい気分になって契約してしまったかもしれないというのに。

case study

顔を立てるテクニック

ＦＢＩ捜査官だった頃、待ち望んでいた休暇に出かけようと飛行機に乗るとき、私はいつも戦々恐々としていた。いつなんどき「手に負えない乗客に対処していただけませんか」「トラブルを解決してください」と頼まれるかわからなかったからだ。そして案の定、ロサンゼルスを午前6時に出発するフライトで一悶着《ひともんちゃく》あった。

私は飛行機に搭乗し、静かに自分の席に座っていた。すると客室乗務員がやってきて、後部座席の乗客が酔っぱらっており、機長がその乗客を降ろしたがっていると告げた。後ろのほうを見やると、確かに通路をよたよたと歩いている乗客がいた。別の客室乗務員がその男に「今すぐ降りてください！　まったく、手がつけられない！」と、わめいている。だが、それ以上、事態を収拾する努力はできていなかった。そして、目の前の客室乗務員が私の前に立ちはだかるようにして言った。「あなたはＦＢＩ捜査官でいらっしゃいますね。どうか、今すぐあの男性をこの飛行機から降ろしてください」

これまでのトレーニングが少しは役に立つかもしれない、と私は考えた。そこで私は、座席によりかかっている男のほうに歩いていった。そしてFBI捜査官だと名乗り、男にバッジと身分証明書を見せると、「ちょっと座って、話をしましょう」と、提案した。男は私の話を理解できないほど泥酔してはいなかった。そこで男は腰を下ろし、私は隣の空席に腰を下ろした。

「いいですか」と、他の乗客に聞こえないよう、私は小声で話しかけた。「飛行機から降りれば、あなたはゲームを終わらせることができる。機長があなたに降りろと命じているんだから、あなたは降りるしかない。とはいえ、あなたには二つの選択肢がある。その一、自分で歩いて飛行機から降り、威厳を保つ。そしてターミナルビルに着いてから不満を口に出し、あとのフライトでダラスに向かう……。その二、ここで私に逮捕され、手錠をかけられ、飛行機から強制的に降ろされ、留置場に連れていかれる。留置場から出るには保釈金を払わねばならないし、裁判のためにここに戻ってこなければならない。法廷ではおそらく懲役判決を受けることになるでしょう。さて」と、私は小声でつけ加えた。「**選ぶのはあなたです**。自分で選んでください。少し時間を差しあげましょう。……で、どうします？」

男はすぐにこう言った。「降りますよ。降りて不満をぶちまけてから、他の飛行機に乗る」

私は言った。「それは非常に賢い決断です。では、喜んでお見送りしましょう」

私は男を飛行機から降ろし、ターミナルビルに連れていき、再び自分の席に戻った。

すると、さきほど私のところにやってきた客室乗務員が「あれほど興奮していたお客さまを、どうやって穏便に説き伏せたのですか」と尋ねてきた。私は「選択権を与えたまでさ」と、説明した。

私は男に「この状況をコントロールしているのは自分だ」と思わせた。「自分の運命を自由に選ぶ権利がある」と思わせたのだ。だからこそ、自分の意思で降りる機会を与えた結果、男はあまり恥をかかずにすみ、面目を保てたのである。

case study

「選ぶのは自分だ」と思わせる

「自分の力である程度、状況をコントロールできる」と相手に思わせるのは、非常に有効な手法だ。これは子どもにも通用する。親はこの手法を利用すれば、子ども――特に幼い子ども――が自分の力で判断する手助けができる。**大人と同様、子どももまた「自分の人生は自分でコントロールしている」と考えたがる。**自分の運命を自分で選ぶ機会を子どもに与えれば、「コントロールしている」という幻想をもたせることができるし、親の威厳をそこなわずにすむ。

たとえば、あなたが息子さんをランチに連れていくとしよう。あなたはすでにファストフード店に行こうと決めている。だから子どもには「レストランに行きたい」と言ってほしくないものの、意思決定のプロセスを練習してもらいたいとも思っている。この場合「ランチに行こう。マクドナルドかバーガーキングで、キッズ用のセットを食べたいかい？」と尋ねればいい。こうして二者択一の質問を投げかければ、子どもは自分が状況をコントロールしていると勘違いする。だが、本当はマクドナルドとバーガーキングという選択肢を決めたのはあなたである。さらには「キッズ用のセット」と限定することで、注文する料理にまで制限をかけている。

セールス担当者は、このように選択肢を与える手法を常に利用している。たとえばあなたが車の販売店に行くとしよう。有能な販売員は、あなたに「車の購入をお考えですか？」とは尋ねない。「青い車と赤い車のどちらがお好きですか？」と尋ねる。あなたが「青い車」と応じれば、販売員は青い車を見せる。あなたが「赤い車」と応じれば、販売員は赤い車を見せる。あなたが、赤でも青でもない色が好きだといえば、その色の車を見せる。有能な販売員は、車の購入においては**客に「状況をコントロールする権利が自分にある」という幻想をもたせる。**ところが現実には、何度も練習したプレゼンを見せ、販売員が客を誘導しているにすぎないのだ。

言い方の工夫2　相手を格上げして個人情報を得る

「格上げする」とは、「人に認められたい」という欲求を満足させるテクニックだ。私はこの方法を、息子のブライアンと書店に出かけたときに思いついた。書店で、とある女性作家が著書のサイン会をしていた。そのときはブースに他の客の姿がなかったので、ブライアンは作家のほうに歩いていって話しはじめた。私は彼女の著書をぱらぱらとめくって見ていた。そして、彼女の文章がジェイン・オースティンを彷彿《ほうふつ》とさせることに気がついた。私が彼女にそのことを伝えると、彼女は急に目を輝かせ、頰をピンク色に紅潮させた。「本当ですか？　実は、私には執筆にあてる時間があまりないんです。三人の子どもがいますし、夫は軍人で、自宅を留守にしている時間が長いんです。でも本当は、大学に戻って学位を取得したいと思ってるんです。結婚するために大学を中退したんですよ。だけどやっぱり、その決断は間違いでした。これからも後悔し続けるでしょう」……たったひと言、感想を述べただけで、その女性作家はまるで旧友と再会したかのように、自分の人生を語り出したのである。

このテクニックを何度か使ってみたところ、例外なく成果をあげることができた。たとえば野心満々の共和党の若い候補者と会い、「君の政治スタイルはロナルド・レーガンを彷彿とさせる」と言ったところ、若者はすっかり舞いあがり、自分の家族や出身大学などについて、あれこれ話しはじめた。それは、**彼が私のことを物のわかった人間で、信用できる存在だと認めた**からだ。このように相手の格を上げるように話せば、勝手に好意を抱いてもらい、情報を得ることができる。

case study

信用されれば、聞き込みはうまくいく

あるとき、高校で夜間に人種差別的な落書きをされるという騒ぎがあり、校務員から話を聞くことになった。相手の口をなめらかにするためには、事情を聞く前に少し好感度を上げておきたい。「これほど大きな校舎の管理をひとりでなさるのは大変なことでしょう」と私は声をかけた。すると校務員は、校舎全体のメンテナンスを効率よく進めるために、最短ルートを歩きながら同時に複数の作業をこなせるようにしたんですよ、と得意そうに応じた。そこで私は、他の学校でそれだけの作業をこなすには、おそらく何人もの校務員が必要になるでしょうね、と彼を称賛した（彼に「自分で自分を褒める機会」を与えた）。

そんな話をしているうちに、私は校務員と信頼関係を築けたことを確信した。というのも、メンテナンス作業を実施するシステムについて、彼が詳しく話しはじめたからだ。そして教師や管理スタッフの話もあれこれ喋りはじめた。そうした話は興味深くはあったものの、私の捜査の役には立たなかった。が、私は耳を傾け、校務員からの信頼を獲得した。そこで私は彼に名刺を渡し、落書き事件について何か新しい情報を入手したら連絡をください、と頼んだ。

数週間後、校務員から電話がかかってきた。ある生徒から、とある噂を聞いたという。のちに、その噂が真実であることがわかり、おかげで落書きに関わったグループを補導することができた。最初に信頼関係を築いていなければ、後で生徒たちの噂を耳にしたからといって、彼はわざわざ電話をかけてはくれなかっただろう。これも好感度を上げておいた成果である。

言い方の工夫3 「引き出し法」で自然と口を割らせる

人は誰でも、単刀直入な質問に答えるのをためらうものだ。とくに、慎重を要する話題である場合はなお身構える。うるさく聞きまわる輩《やから》のことが好きな人間などいない。初対面の相手とくればなお身構える。だが、質問攻めにしているという印象を与えない「引き出し法」を使えば、デリケートなことがらについて聞き出せる。相手はデータを漏らしていると自覚することなく、重要な情報を話してくれるからだ。

私がＦＢＩに勤務していた頃教えていた、敵対する相手と信頼関係を築きながら、同時に、その相手から重要な情報を引き出す方法の特徴は、以下のとおり。

1　質問の数が少ないほど、相手は身構えずに話をする
2　自然な会話のため、デリケートな個人情報を漏らしていることを本人が自覚しないので、こちらにリスクがない
3　相手の話に集中して耳を傾けているので、好感をもたれる
4　じっくり話を聞いてくれたあなたに好感をもち、またあなたに連絡をしてくる。すると、新たな情報を入手する機会ができる

「引き出し法」は、人間の欲求を基につくられているため、どんな場合でも効力を発揮する。

「間違いを正したい」という欲求を利用する

前述したように、人には「人の間違いを正したい」という強い欲求がある。「正確でありたい」「他人のあやまりを訂正したい」という欲求は、抗しがたいものだ。

だから**何かを聞き出したいときには、あえて自分の推定を述べる。**すると、正しいのか間違っているのかを、自然に相手に指摘させることができる。その推定が正しければ、相手はそれを認めたうえで、詳しい説明をつけ加えてくれるし、間違っていれば訂正せずにはいられないから、訂正する理由を説明してくれるだろう。

「本能」を利用して本音を聞き出す

共感を示す手法は多目的に利用可能であり、「引き出し法」とも併用できる。これには二つのテクニックがあり、第一は「推測をまじえながら共感を示す」方法、第二は「条件を絞りつつ共感を示す」方法だ。客は、好感をもてない販売員からは商品を購入したくないものだ。つまり、販売員はこの二つのテクニックを駆使すれば、二つの目的を達成することができる。まず、客との間にすばやく信頼関係を築ける。次に、単刀直入に尋ねたところで教えてくれないであろう情報を、少しずつ収集することができるのだ。

また、推測をまじえながら共感を示せば、会話の主を客に固定しつつ、本音を聞きだすことができる。**推測は真実であってもかまわないし、仮定であってもかまわない。**あなたが述べた推測が真実であれば、客はたいていそこに新たな情報をつけ加える。

あなたの推測に対して客が返事をしたら、そこからまた共感を示す言葉をさがしていく。あなたの推測が間違っていたら、客は十中八九、それを訂正する。次の会話を見てもらいたい。

販売員『何かおさがしでいらっしゃいますか？』

客『ええ、新しい洗濯乾燥機を買わなくちゃいけなくなって』

販売員『ああ、今の洗濯乾燥機の調子が悪いんですね』（推測をまじえ共感を示す）

客『いえ、今より狭いアパートに引っ越すのよ』

販売員『それでしたら、コンパクトな洗濯乾燥機がご入り用ですね。今人気のある商品をお目にかけましょう』

客『お願いするわ』

販売員は、客の「新しい洗濯乾燥機を買わなくちゃいけなくなって」という発言が、客の現在の洗濯乾燥機が壊れかかっていることを意味していると、考えた。そこで販売員は「今の洗濯乾燥機の調子が悪いんですね」と、推測をまじえた共感を示し、その推測に回答してもらうだけでニーズがわかるように話を進めた。

客は販売員の流れに従って、「今より狭いアパートに引っ越すのよ」と応じ、販売員の推測を訂正した。これによって、どんなタイプの洗濯乾燥機を薦めるべきかがあきらかになったわけだ。また、「買わなくちゃいけなくなって」という言葉は、ひやかしが目的で来店したのではなく、購入を真剣に検討していることを示している。こうして販売員は、**最初に少し会話をかわしただけで、重要な情報を入手することができた。**

まず、客が真剣に洗濯乾燥機の購入を検討していること、次に、どんなタイプの洗濯乾燥機を客に薦めるべきかを、販売員は正確に把握できた。こうして、客も販売員も時間を節約できた。客は必要としていた製品を購入して帰宅できたし、そのおかげで、販売員には他の客に対応する時間が増えたのである。

共感を示しながら条件を絞る

条件を絞りつつ共感を示せば、会話の主を客に固定したまま、どんなタイプの製品やサービスを欲しがっているか引き出すこともできる。

販売員『何かおさがしでいらっしゃいますか?』
客『いや、ただ見ているだけだ』
販売店『どの車にするか、まだ決めかねていらっしゃるんですね』(共感を示す)
客『新車が欲しいんだが、予算内でおさまるかどうか……』
販売員『ということは、予算内でおさまれば、ご購入を検討していただけるんですね』(条件を絞りつつ共感を示す)
客『ああ』
販売員『赤と青、どちらの車がお好きですか?』
客『青だ』
販売員『お客さまのご予算に見あう青い車を何台か、お目にかけましょう』

共感を示す引き出し法を利用した結果、客は車の購入を渋っている理由をあきらかにした。次に、販売員が条件を絞りつつ共感を示した結果、会話の主を客に固定したうえ、「予算内でおさまれば、購入を検討する」という約束をとりつけた。「条件さえ満たせば、交渉に応じる」と、客が明言したわけだ。この場合、条件は価格だった。こうして条件を絞ることで、販売員は購入対象となる車のタイプを特定することができた。このように得た情報を利用すれば、予算内でおさまる車へと、すぐに客を連れていけるだろう。

「お返しをしたい」という欲求を利用する

それが「気持ち」であろうと「金品」であろうと、**人は何かを受けとると「同等以上のものを返したい」という欲求を覚える。**この欲求を利用すれば「教えてもらった情報と同程度の情報を自分も教えなければ」という気持ちを相手にもたせることができる。

私は容疑者の取調べで、この欲求をよく利用してきた。取調べをはじめる前に、コーヒー、紅茶、水、ソーダなどを、容疑者に用意するのだ。すると容疑者は「お返しをしなければ」という欲求を覚える。飲み物のお返しとして、私は容疑者に機密情報や自白を求めるというわけだ。

真実を語らせる「第三者話法」

人は、自分のことを話したがらないものだし、ある人物や物事についてどう思っているか、なかなか本心を明かそうとしない。ところが**他人のことについてなら、あまりためらわずに情報を漏らしてしまう。**この人間の特性を利用すれば、相手が秘密にしたがっている（個人的な）情報をうかがい知ることができる。

例をあげよう。一夫一婦制の夫婦の中には、パートナーが浮気しやすいタイプかどうかを知りたいと思う人も多いだろう。だが「浮気をするつもり？」と尋ねたところで、「そりゃもう、気軽に浮気するつもりだよ」などと答える人間はめったにいない。本心ではそう思っていたとしても、正直に口に出すはずがない。

愛する人が浮気についてどう考えているのか本心を知りたいのなら、第三者の話を引き合いに出してみよう。「浮気についてどう思う？」と尋ねるのではなく、「友だちのスーザンがね、ご主人の浮気現場を押さえたんですって。あなた、どう思う？」と尋ねればいい。**第三者の話に感想を述べるだけなら、相手は思わず本音を漏らす**ものだ。

この場合、あなたが聞きたい答えは「浮気はいけないことだ。僕なら、絶対に浮気なんかしないね」といったものだろう。とはいえ、「今どき、浮気なんか珍しくもないさ」「奥さんに欲求を満たしてもらえなかったら、男が浮気するのは当然だろ」「奥さんからあんな扱いをされていたら、俺だって浮気するかも」などという答えが返ってくるかもしれない。

こうした返答が返ってきたら、同様の状況にパートナーを追い込めば、あなたも浮気されるという予測がつく。もちろん、第三者の例を引き合いに出したからといって、100パーセント正確に相手の本音がわかるわけではない。だが単刀直入に質問をぶつけるよりは、その問題についてどう考えているのか、相手の本心を把握できるはずだ。

case study

どんなに太っても、私のこと愛してる？

私の講義を受講しているリンダは、ある若者と真剣に交際し、結婚を視野に入れはじめていた。彼女は自分が太りやすいタイプだと考えており、体型維持のため運動を続けていた。とはいえ、年齢を重ねるにつれて体重は増えるだろうし、妊娠すれば体型は変わるだろう。今より太ってしまったら、彼はどう思うかしら？ そう考えると、リンダは不安でたまらなかった。

ある晩、リンダは「ザ・ビゲスト・ルーザー」というテレビ番組を一緒に観ようと、彼を誘った。この番組は、病的なまでに肥満した参加者にエクササイズや食事療法といったプログラムを体験させ、ライフスタイルを変化させてダイエットに成功させる番組だ。毎回、番組の最後に体重を測定し、もっとも減量に成功した人が巨額の賞金を獲得するという趣向である。一緒にこの番組を観ていたところ、途中で彼がぽつりと言った。「奥さんがあんなにデブデブになったら、俺なら家から放り出すね」

リンダの懸念は的中した。彼は、第三者の立場から番組の出演者に対して感想を述べた。そして本心を明かしたのだ。そこで彼女は、そのものずばりの質問を投げかけることにした。「すっごく太ったら、私のことも家から放り出す?」すると、予想どおりの返事が返ってきた。「まさか。どんなに太っても、君を愛してるよ」。とはいえ、リンダには彼の本心がわかった。そして結局、彼と別れ、もっと誠意のある男をさがすことにした。

このテクニックを利用すれば、あなたのお子さんがドラッグについてどう考えているかを探ることもできる。たとえば、子どもが実際にドラッグを使用しているかどうか知りたいとしよう。「あなた、ドラッグを使ってる?」などと尋ねたところで、「いや、まさか、ドラッグはヤバイでしょ」と、無難な答えが返ってくるだけだ。

こういうときに、第三者の例を引き合いに出せばいい。「友だちの息子さんがね、学校にマリファナをもち込んでいたんですって。どう思う？」とお子さんに聞いてみよう。あなたとしては「マリファナはよくない。僕は絶対にマリファナには手を出さない」という返答を期待するかもしれない。だが、「バッカだなあ。学校にもっていくなんて」「たかがマリファナだろ？」「よくある話さ。やってる奴、大勢いるもん」という返答があるかもしれないので、覚悟したほうがいい。こうした反応が返ってきたら、あなたのお子さんはすでにマリファナを使っているか、これから使用する危険があることがわかる。もちろん実際にマリファナを使っているという証拠があがったわけではないが、子どもの傾向をうかがい知ることはできるはずだ。

言い方の工夫4　相手を思いやる発言でサービスを受ける

人は、親身になって思いやりを示してくれる人に好感をもつ。共感を口に出して示したり、相手の状態を思いやる言葉を添えたりすれば、あなたが相手の立場を理解していること、相手の価値を認めていることを伝えられる。すると「認められたい」「称賛されたい」という欲求が満たされていい気分になり、相手はあなたに好感をもつようになり、信頼関係に発展させることが容易になる。

このテクニックを使うには、**事前にしばらく相手を観察することが肝心だ。**発言によく耳を傾け、しぐさや行動を観察していれば、相手が本心では今の状況を不満に思っていることなどがわかるようになる。このテクニックはとくに、あなたが日常的に接しているセールスマン、店員、サービス担当者などと交渉する際に利用できる。

たとえば夜の混雑している時間帯に、レストランで食事をとっているとしよう。給仕係は忙しそうに動きまわっている。こんなとき、ひと言、「目がまわるような忙しさだね！」と声をかけてみるといい。すると、「そうなんです」と肯定の返事が返ってくると同時に、**あなたにプラスアルファのサービスをしてくれるはずだ。**給仕係は、自分の存在を認めてくれたうえ、「忙しそうだね」と思いやりを示してもらっていい気分になり、あなたに感謝して好感をもつ。

もっと好感を得たい場合は、さきほどのひと言のあとにさりげなく賛辞をつけ加えよう。「目がまわるような忙しさだね！　よく、こなせるものだ」とか「これだけの注文、私だったらさばききれないよ」などとつけ加えるのだ。

これは、実際に相手が忙しそうにしているところを目撃しておらず、不満や不快の原因がはっきりとわからない場合でも使うことができる。**相手の苦労を想像し、その骨折りをいたわる**のだ。

たとえば夕方、デパートの売り場で、ハイヒールを履いている女性販売員が応対してくれたとしよう。こんなときは「朝から1日中立ちっぱなしだと、足が疲れるでしょうね」と、いたわるといい。そのとおりであれば、販売員は思いやりを示してくれたあなたに好感をもち、接客態度がぐんとよくなるはずだ。

親が子ども――とくにティーンエイジャーの子ども――からいろいろと話を聞きたいときにも、このテクニックは有効だ。さまざまな理由により、ティーンエイジャーはあまり親と話をしたがらないし、親と一緒に行動することを嫌がる。だからといって問い詰めたり、脅したり、甘言で釣ったりしたところで、子どもは拒否反応を示し、何も話すものかといっそう頑な態度をとる。こうした非生産的な応酬を避けたいのであれば、子どもに共感を示すことだ。「なんだか深刻に考え込んでいるみたいね」「何か悩み事があるみたいね」「心配事があるようだが」などと声をかければ、ティーンエイジャーの子どもは次のように反応するだろう。

その一、そうなんだと認め、自分の胸の内を明かす。その二、あいまいな返事をする。この場合、共感を示す言葉をもう少し足せば、詳しい話を引き出せるかもしれない。**大半のティーンエイジャーは、親に悩み事を相談したいと、心の底では考えている。**ただ、そのためにはちょっとした励ましが必要であり、子どもにしてみれば、親に相談するのは強制されたからではなく、自らの意志で決めたことだと思いたいのだ。

その三、ぶっきらぼうな返事しか返ってこず、その後は沈黙が続く。この場合は「何か悩み事はあるけれど、今は話したくないみたいね。話す気になったら、教えてちょうだい。少し話しましょう」と、声をかけよう。

相手に共感を示すのは、それが言葉であれ、しぐさであれ、相手をいい気分にし、好感を得るうえで強力な手法だ。相手と親しくなるテクニックはいくつかあるが、この「共感を示す」手法はいつでも、誰にでも使える。あなたがどんな言葉をかけ、どんなふうに傾聴するかで、相手と信頼関係を結べるか否かが決まる。ぜひ、活用してもらいたい。

第6章

信頼関係を築く四つの秘訣

あなたが親身になってくれることがわからなければ、
どれほど博学であろうと、誰も気にとめない。

――ジグ・ジグラー

信頼を深める四つの要因

長続きする関係は、例外なく最初は簡単な付き合いからはじまる。相手としっかり心を通わせてから、信頼関係を築き、長く続く関係を育んでいくのだ。ここまでは、どんな関係であれ、似たようなプロセスを経る。なかには友情から恋愛へと発展していく例もある。だが肝心なのは、恋人同士や夫婦になったあとだ。いつまでも相手への情熱をもち続け、変わらぬ愛を維持しなければならない。そのためには、新たなテクニックが必要となる。

この、簡単ではあるが継続するのが難しいテクニックとは、**「ケアリング」**である。ためしに、家族、友人、同僚、先輩など、頻繁に顔をあわせる人を思い浮かべてもらいたい。そして「この人たちの中で、もっとも敬愛している人、願いをかなえてあげたいと思う人は誰だろう?」と、自問してもらいたい。**その人はおそらく、あなたのことをもっとも気にかけてくれている人**ではなかろうか。その人の物腰や振る舞いから、あなたはそれを感じとっているはずだ。

「ケアリングとは何か」を定義しようとするのは、「ポルノグラフィーとは何か」を定義しようとするようなものだ。最高裁判所のある判事は、ポルノグラフィーという言葉の定義を求められ、「定義することはできませんが、目にすれば、それとわかります」と応じたという。「ケアリング」も同様だ。ケアリングの本質を言葉で説明しようとすると、ケアリングのはらむ、深く情熱的なもの、情緒的なものをとりこぼしてしまう気がする。だが、説明はできなくてもケアリングを体験すれば、すぐそれとわかる。つまり**ケアリングとは「頭」ではなく「心」に関わるもの**だ。ロボットのような表面的な交流ではなく、心と心の交流から生じるものであり、感情のもっとも深いレベルにまで入り込み、自己の本質に迫るものなのだ。

「ＣＡＲＥ」という綴りを分解すれば、ケアリングを活用する際に心がけるべき四つの要素が見えてくる。

Ｃ＝Compassion/concern（気づかい・思いやり）

Ａ＝Active listening（アクティブリスニング）

Ｒ＝Reinforcement（強化）

Ｅ＝Empathy（共感）

これら四つの要素について、順番に説明していこう。あなたの大切な人と、健全で幸福な関係を維持するうえで必要なことがわかるはずだ。

ケアリング1　毎日必ず「思いやり」を示す

相手のことを思いやっていれば、自然と率直な気づかいを見せられる。傷ついている人におざなりに言葉をかけたり、軽薄な対応をしたりせず、心からの同情を示し、助けになることがあれば責任をもって対処する。長きにわたる交友関係では、どちらかが、あるいは双方が危機に直面することが少なからずある。物事がうまくいっているとき、付き合いを維持するのはそれほど難しくはない。だが**厳しい試練に直面したときにこそ、その人の真の人格が明らかになり、素晴らしい人であるか、期待はずれの人であるかがよくわかる。**

互いに頼りあうようになった二人が、自分が必要とされているときに相手のために奮闘するさまほど、胸を打つ光景はない。おそらくケアリングのもっとも忍耐強いかたちは、病や怪我に苦しむパートナーの看病や介護をすることだろう。何日間も、あるいは何年間も、こうした私心のない自己犠牲を続けている人の姿には、もっとも純粋なかたちのケアリングが体現されており、感銘を受けずにはいられない。

愛する人の看病や介護をする機会がない人も、ケアリングをすることはできる。日々の生活において、ちょっとした思いやりを見せ、相手を気づかっていることを伝えるのだ。

相手の仕事や家事を手伝う、とくに理由がなくてもふだんと違う特別なことをする、「あなたは私の大切な人だ」と伝える、弱っている相手を安心させる、必要とされたときにそばにいる、やさしい言葉をかけ、手を差し伸べる……。これらは、すべて「ケアリング」の行為にあたり、相手に思いやりを示している。こうしたケアリングは、いわば「心から相手を愛する」行為であり、真摯な気持ちで行えば、相手も心から感謝するだろう。

case study

思いやりが救った命

あるとき私は、ワシントンDCにあるショッピングモールの混雑したフードコートに座っていた。ランチを終え、私は食器返却場のほうに歩いていった。と、自分の名前が呼ばれたような気がした。あたりを見まわしたが、人込みの中に知っている顔はない。再び歩き出そうとすると、今度はフルネームで名前を呼ばれた。私が声のほうを向くと、若い女性が近づいてきた。彼女は立ちどまって自己紹介をしたが、私には心当たりがなかった。すると彼女は「あなたは命の恩人です。お礼を申しあげたくて声をかけさせていただきました」と言った。私のけげんな顔を見ながら、彼女は続けた。「私、10年ほど前に誘拐された少女のひとりなんです」

私の脳裏にパッと映像が浮かんだ。恐ろしい銃撃戦が繰り広げられる中、二人の警官が少女二人の救出に成功したのである。そこで私は「あなたの命を救ったのは、二人の警察官ですよ」と応じた。すると彼女は、救出してくれた警察官への謝意を述べたうえで、「でも、やっぱりあなたが命の恩人なんです」と言った。「どうしてです?」と、私は尋ねた。「当時、私の心はボロボロになっていました。でも、あなたがやさしく接し、思いやりを示してくださったおかげで、立ち直るきっかけを得られたんです」。彼女の話を聞くうちに、解放された彼女から事情を聞く任務を担当したときの記憶がよみがえってきた。

彼女が気持ちを落ち着かせ、取り乱すことなく事件当時の状況について話せるようになるまで、1カ月という時間がかかった。私は毎日1時間をかけ、彼女に話をしてもらうよう心を砕いた。**肝心なのは、思いやりを示す言葉**だった。誘拐事件そのものを話題にすることはほとんどなかったものの、1カ月という時間をかけて、私は当時14歳だった被害者の少女から事件の詳細を聞いたのだ。事情聴取を終えたあと、私は二度と彼女と会っていなかったし、それ以来、とくに彼女のことを思い出すこともなかった。ところが彼女はしっかりと覚えていた。

「あなたは、私のことを忘れてしまったかもしれません。でも私は、あなたがやさしくしてくださったことをよく覚えています。あなたの力添えがなければ、私は立ち直れなかったでしょう」。私は彼女に礼を述べ、自分はただ職務をまっとうしただけです、と言った。そしてトレイをサービスカウンターに置き、彼女と別れた。そして、こう痛感した。話し手は自分が語った言葉をすっかり忘れてしまっても、聞き手に深い影響を及ぼしている場合があるのだ、と。

ケアリング2 話題を適切に選ぶ

アクティブリスニングとは、相手の話を聞きながら、言葉やしぐさで共感を示すことだ。第5章で述べたように、アクティブリスニングによって二人の関係に新たな意義を加えることができる。**長年、付き合いを続けてきた二人の絆がどうすれば強まり、どうすれば弱まるのかも、アクティブリスニングを行っていれば把握できる**はずだ。

長期にわたる関係において、相手への思いを維持できるか、あるいは枯渇させるかのカギを握るのは、コミュニケーションだ。信頼関係は、オープンかつ率直な付き合いのもとに生まれる。**肝心なのは、相手を思いやる態度を示し、自分たちの関係は健全だというメッセージを送り続ける**こと。そのため、付き合いをはじめた当初からアクティブリスニングを実践していたほうが、信頼関係は深まりやすい。アクティブリスニングをすると、相手の望み、変わった癖、関心事、性格、願望、恐怖心などがわかるようになり、相手を不快にさせず、いい気分にできる話題を選べるようになる。

たしかに世の中には、アクティブリスニングなどまったく行わないまま数十年も一緒に過ごしている夫婦がいる。だが、そうした人たちには、相手が何を感じ、何を望んでいるのかが、まったくわかっていないはずだ。にわかには信じられないが、そういう人は相手の話がまるで耳に入っていない（しかも、残念ながらこうした人はその事実をけっして認めようとしない）。だがアクティブリスニングを行えば、双方向のオープンなコミュニケーションが可能になる。積極的に話を聞き、積極的に話しかけているうちに、互いの情報を交換できるようになるからだ。

長期の関係におけるアクティブリスニングの最大の利点は、**パートナーをどのように気づかえばいいか、デリケートなところまで把握できる**ところにある。また、知り合ったばかりの頃は「触れてはならない」ことを言ってしまいがちだが、アクティブリスニングを行えば二人の関係は成熟し、互いのことがよくわかるようになり、会話で失敗する確率がぐんと下がる（**まったく失敗しないようにすることもできる**）。

長期の関係でアクティブリスニングを行っている人は、地雷ワードが何かを心得ているし、触れてはならない話題があることも承知しているから、結びつきが強くなる。だが、**こうした情報は諸刃の剣**である。口ゲンカをはじめると、どちらかがわざと触れてはならない話題に触れ、いっそう口論を激化させると同時に、相手の気持ちを踏みにじることもできるからだ。しかし、どれほど頭に血がのぼっていようと、また結果として口ゲンカで勝利をおさめようと、この戦法はいただけない。というのも、口論がおさまってから長い時間がたち、爆弾を落としたほうはそんな真似をしたことを忘れたとしても、傷つけられたほうにはわだかまりが残り、突きつけられた言葉が永遠に刻み込まれるからだ。

たとえアクティブリスニングを通じて入手した情報を利用して、「口論に勝ちたい」「相手を言い負かしたい」という誘惑に駆られても、**そうした情報が相手にとっての「立ち入り禁止区域」にあるなら利用してはならない。**くれぐれも、言ってはならないことを口走らないよう注意すること。長年、片方がわざと地雷ワードを使ったり、触れてはならない話題を口にしたりしていると、二人の関係はいずれ破たんしてしまうことを覚えておいてほしい。

アクティブリスニングのコツ

次に、よりよいアクティブリスニングのヒントをあげるので参考にしてもらいたい。

✔ パートナーの話は最後まで聞く。相手がまだ話を終えていないのに、途中で口を挟まないこと

✔ 重要な話し合いをするときには、ふさわしい環境をととのえる。相手の話がよく聞こえる場所で話すこと（混雑している場所や騒がしいレストランで、お金や人生の一大事の話をしない）

✔ 相手の話を聞いている間は、集中する。次に自分が言うことを考えない

✔ パートナーが内向型で話すのが苦手なタイプなら、積極的にうなずいて見せたり、相づちでやさしく先をうながしたりする

✔ 話しているパートナーの様子をよく見る。言葉だけではなくしぐさや態度もコミュニケーションの一部だ。あなたが真摯に耳を傾けていれば、パートナーは「こちらの話に心から関心をもってくれている」と思う

✔ 相手が的確な指摘や見事な提案をしたら、すぐに褒めるよう心がける

✔ パートナーから納得できないことや同意できないことを言われても、即座に断ったり反論をはじめたりしない。しばらく考え、少しでもあたっているところはないか考慮し、満足できる妥協点をさがすこと

✔ パートナーがあきらかに間違ったことを述べている場合でも、相手の顔を立てながら、さりげなく間違いを正すようにする

✔ 対立するような方向に会話が進みはじめたら、「小休止」を提案する

ケアリング3 「報酬と懲罰」で関係を強化する

互いに「報酬と懲罰」を利用すると、二人の関係を強化できる。ただし、大切な人との関係を強化する際に、犯しがちなミスがいくつかある。次にその例をあげるので、留意してもらいたい。

「報酬と懲罰」でおちいる三つの関係パターン

自分のコミュニケーションのとり方を把握していないと、不適切な報酬と懲罰を日常的に悪用することになる。パートナーと長期の関係を維持している人の中には、ときおり**どちらかが不満に思うパターンで報酬と懲罰を続けている人がいる。**そうした人は、次の三つのタイプに分けられる。

1　否定的なパートナー

モットー　気に入らないことや欠点だけを強調し、いいところは無視する
信条　常に自分の正義を通す。自分にはそれだけの価値があると考える
パートナーへの態度　否定と懲罰

否定的なパートナーは、あなたが間違っている場合は「ほらね、だから言ったただろう」と言い、あなたが正しい場合は「僕にはわからないな」と言う。否定的なパートナーと暮らしている人はよく「自分が何か間違ったことをしたときしか、話しかけてもらえない」と嘆く。こんな状態が続いていれば、当然二人の仲は険悪になり、フラストレーションがたまる。**いいことをしたときには無視され、ミスをしたときにだけガミガミ言われれば、誰だって不快になる。**ある女性は「これからも私のミスを批判し続けるなら、同じだけ私の成功を褒めてちょうだい」と、夫に言ったそうだ。

否定的なことばかり言うパートナーは、もし相手が何かを間違えたとしても、訂正する必要があるときにだけ指摘するといい。そしてうまくやったときには、称賛もすることだ。

2　完ぺき主義のパートナー

モットー　いつだって改善の余地はある

信条　完ぺきでないものに価値はない

パートナーへの態度　達成不可能なほどハイレベルの水準を要求する

完ぺき主義者は、自分の完ぺきを達成すべく、パートナーに最大限の努力を要求する。相手が能力を充分に発揮しないと満足できないのだ。だから、パートナーが家事や用事をうまく片づけても、それが完ぺきにできていないかぎり、けっして褒めようとしない。しかし、**完ぺき主義者はあまりにも高い水準を要求するため、誰もその水準を超えることができない。**そのため、完ぺき主義者からやさしい言葉や褒め言葉をかけてもらうことはあり得ない。結果として、完ぺき主義のパートナーは、いつも相手をけなしてばかりいる否定的なパートナーと同じ行動をとる。

完ぺき主義者自身がこうした悪循環を避けるには、要求する水準の高さを、ある程度下げるしかない。「膨大な時間と努力を投入して、完ぺきを達成することに価値などない」ことを理解すべきだ。

3　サディスティックなパートナー

モットー　たったひとつのミスがすべてを台無しにする
信条　あやまちは人の性《さが》、その代償を支払わせるのが神の業《わざ》
パートナーへの態度　「成果への報酬」と「ミスへの懲罰」とのバランスがおかしい

サディスティックなパートナーは、蝶の羽をむしりとる意地の悪い子どものようなものだ。表面上はやさしい人間に見える。彼らはパートナーの努力を認め、よく褒める。ところが、それは本心ではない。パートナーと接する際には、称賛と批判のバランスをうまくとれず、非現実的な独自の方法をとる。たとえば、パートナーがきちんと成果をあげていれば、彼らはよく褒めるし、努力を認める。だが、**たった一度ミスを犯しただけで、これまでの努力をいっさい認めず批判する。**サディスティックなパートナーは、よりよい方向への変化を望んでいるため、「よい」と「あまりよくない」では大違いだと考えている。そのため、それまでに相手がどれほど努力を積み重ねてこようとも、ひとつミスをすれば、そうした努力にはなんの価値もないと考える。

褒め方は「内容」より「タイミング」

残念ながら、長い間、夫婦関係や恋人関係を続けていると、恋愛感情を失い、互いにあまり関心をもたなくなる。すると**相手のことをまともに見なくなり、褒め言葉も言わなくなる。**さらには、交際をはじめた頃にはよく見られた「ちょっとした愛情表現」をしなくなる。これは実に残念な傾向だ。

というのも、**人は常に注目されたいと思っている**からだ。自分のそばにいる人から評価され、ちょっとした親切でそれが示され、よく褒め言葉をかけられていれば、長期にわたる関係を健全かつ強固に保つことができる。次に、「自分の真価を認めてもらえている」とパートナーに思わせる方法をいくつか紹介しよう。

1 パートナーが何かをうまくできたときに褒める

職場で問題を解決した、市民の義務をはたした、社会的な栄誉を得たなどがあれば必ず褒める。なければ仕事を終え、帰宅途中パン屋に寄り、わざわざおいしいデザートを買ってくれたといった些細なことでもかまわない。パートナーの努力を褒め、感謝の気持ちを伝えるといい。だが、相手から「見返りを得る」ために称賛を利用してはならない。褒められるにふさわしいことを相手がしてくれたときにだけ、言うこと。ありがたいことに、**いくら相手を褒めても、お金はかからない。**ただパートナーの行動をよく見ようという意欲さえあればいい。

2　誕生日や記念日、大切なイベントがある日を忘れない

ちゃんとしたカードに心のこもったメッセージを書けば、パートナーに喜んでもらえる。

3　大きな決断をくだす際には、パートナーにも相談し、意思決定に参加してもらう

資産の運用、高額商品の購入、転職、引越し、健康問題などは、必ずパートナーに相談する。意思決定のプロセスに自分が関わったと思えば、どんな決断をくだしたにせよ、人はその決定を尊重しようとする。というのも、**自分はこの件の関係者であり、決定事項の「オーナー」であると思える**からだ。するとパートナーは、決定したことを熱心に、かつ断固として守ろうとしてくれる。

4　パートナーが素晴らしい成果をあげたら「表彰」する

パートナーの偉業を他の人にも知らせる。とはいえ、他の人の前で褒められたら、パトナーは恥ずかしがる「ふり」をするかもしれないし、「そんなたいしたことはしていません」と謙遜するかもしれない。それでも、みんなで称賛するのをやめる必要はない。パートナーが内向型であっても、派手なやり方で騒がれるのではなく、品よくお祝いされるのであれば、ありがたく思うはずだ。

見当違いのプレゼントの押し売りをしない

子どもの頃のクリスマスを思い出してもらいたい。全然欲しくない物をプレゼントに贈られた経験があるはずだ。それが親戚や親だとなおたちが悪い。本当は新しい自転車か現金が欲しいと思っていたのに、熟慮の末に彼らが選んだプレゼントは、スーツや百科事典一式なのだから。

こうしたあやまちをパートナーにしてはならない。よかれと思い、大切な人に特別なプレゼントを贈ろうと思ったとしても、それが**相手の欲しくない物であれば感謝されることはない。**10年、20年、30年以上も一緒に過ごしていれば、相手の欲しがっている物くらいわかると考える人もいるだろう。ところが意外なことに、そうでもない。バレンタインデーのお返しに、妻に掃除機を買ったという夫はべつに都市伝説ではないし、掃除機のCM

に登場するだけでもない。実在するのだ。

では、相手が欲しがっている物がどうすればわかるのだろう？　答えは簡単。**日頃から話をよく聞く**こと。ふだんから相手の話によく耳を傾けていれば、何を欲しがっているか察しがつくはずだ。そして、よく観察すること。キッチンテーブルに置いてある雑誌に印がついていれば、それもひとつの手がかりになる。

直接「何が欲しい？」と聞けば、確かに欲しがっている物はわかるが、「サプライズ」にはならない。どうしてもプレゼントが思いつかない場合にできる最後の手段としては、**相手が欲しいと思っている商品の写真を複数枚選んで箱に入れておいてもらう**方法がある。旅行のパンフレット、キッチン用品のカタログ写真、人気レストランのメニュー写真など、ジャンルの違う物をいくつか箱に入れてもらおう。あなたはその中から商品をひとつ選び、それを買えばいい。この方式をとれば、実際にプレゼントを受けとるまで、どのプレゼントになるか相手にはわからない。完全なサプライズにはならないが、どの商品になったのかというサプライズは味わってもらえる。おまけにどれになったとしても自分の欲しい物なわけだから、喜ぶのは間違いない。

ケアリング4　共感を口にする

共感はＣＡＲＥの最後の要素だ。パートナーの気持ちを察して思いやりを示すのは、良好な関係を維持するうえで欠かせない。相手の今の機嫌、個性的な望み、風変わりな癖など、ちょっとしたニュアンスを感じとるのだ。

なんとなく元気がないみたい。気落ちしているようだな。そう感じたら、パートナーにやさしく「つらいだろうね」と、相手の失意を思いやる言葉をかければ「気持ちの変化を察している」「気づかっている」というメッセージを送ることができる。心理的に、あるいは身体的に傷ついている相手には、「私がそばにいるわ」「力になるよ」というメッセージが大きな慰めになるし、安心してもらうことができる。**相手は、そうした思いやりを感謝とともにいつまでも覚えている。**

共感は、対人関係において非常に重要な意味をもっており、ここ数十年、短期／長期、プライベート／ビジネスといった枠を超えた対人関係を形成するうえで、非常に重要な役割をはたしていると称えられてきた。産業界の偉人ヘンリー・フォードはいみじくも「成功の秘密があるとすれば、それは他者の考え方を理解し、自分の視点だけでなく他者の視点で物事を見る能力にある」と述べている。

「気づかい・思いやり」「アクティブリスニング」「強化」「共感」は、短い付き合いを長続きする信頼関係に変えるCAREの四つの要素だ。この四種類の行動をすべて実施すれば、そこから育まれる対人関係は大きな可能性をはらむことになるだろう。

「怒りの対処法」は必須のスキル

これまで紹介してきたテクニックは、ほぼ、どんな相手にも活用できる。とはいえ、こうしたテクニックを利用したからといって、必ず満足のゆく関係を維持できるわけではないし、対立がまったく生じないわけでもない。相手が最愛の人や親友であろうと、意見があわないことはあるし、相手の機嫌が悪いこともあれば、相手を怒らせてしまうこともある。だから、**怒りへの対処法は必ず身につけてほしい。**険悪な雰囲気になったときに、それをうまくやり過ごす方法をぜひ覚えてもらいたい。

ストレスを軽くしてやれば、相手はいい気分になる

怒っているときの友人、同僚、家族は、ストレスを抱える。ストレスが生じると、職場や家庭での生活を楽しめなくなる。とはいえ、怒りをうまくコントロールできれば、職場でも家庭でも「好意」という確固とした基盤のうえに、快適な環境をつくり出すことができる。

怒りにうまく対処するには、まず**怒っている人が会話の主になるように仕向けよう。**当人に怒りを存分に吐き出させてから、怒りの原因となった問題に対処する道筋を探る。こうすれば怒りによる悪循環におちいらずにすむし、人間関係に悪影響を及ぼすことなく、危機的状況の解決策をさがすことができる。そうすれば、怒っていた相手はあなたにいっそう好感をもつ。**あなたのおかげでストレスを発散できたため、相手はいい気分になり、その結果、あなた自身もストレスを軽減できるようになる。**次に、怒りへの対処法を具体的にいくつか紹介しよう。

クールダウンには20分かかる

人が怒りを覚えると、生き延びようとする身体のメカニズムが働き、精神的にも肉体的にも「闘争・逃走反応」が起こる。脅威を覚え、無意識のうちに「闘うか逃げるか」の判断をするのだ。脅威が強くなればなるほど、人は理性的に物事を考えられなくなる。怒った人にも、これと同じ現象が起こる。本物であろうと幻想であろうと、それが脅威だと感じれば、人は怒るからだ。**怒っている人は、よく考えもせずに話し、行動する。そして怒りが強くなるほど、認知能力が落ちる。**頭に血がのぼっている人は、論理的に物事を考えられなくなっているため、解決策を示されてもすぐに応じることができない。

「闘争・逃走反応」が極限にまで到達すると、その脅威が消えたあとも身体が正常な状態に戻るまでに20分ほど時間がかかる。つまり、怒っている人が再び明晰《めいせき》に物事を考えられるようになるまで、クールダウンの時間が必要となるのだ。この間は、怒っている人に何を言っても無駄だ。

そこで、相手を怒りのサイクルにおちいらせないための第一の戦略は、**「怒っている人を理性的に説得しようとしない」**だ。解決策を提示する前に、まず、相手に怒りをすべて吐き出させる必要がある。

興奮している相手に「クールダウンする時間」を用意することが、怒っている人に対処する際には欠かせない。ある作家は、怒っている友人、同僚、パートナーに対処したければ、いったん「バルコニーに出るべきだ」と提案している。炎がめらめらと燃えはじめたら、いったん距離を置き、炎の勢いが少し弱まってから、また戻ってくればいい。

怒りをやわらげるには、簡潔な説明をするのがいちばんだ。**人間は「支配権を握っているのは自分だ」と思いたがる。**ところが怒っている人は、混乱をきわめた世界に秩序を求めようとする。そして無秩序な世界が自分の思うようにならないと、苛立ちを覚える。だから、問題となっている点に簡潔な説明を与えれば、混沌とした世界に再び秩序がもたらされ、相手の苛立ちをなだめることができる。

シンプルな説明をしたのに、怒っている人がそれを受け入れない場合は、怒りに拍車がかかることもある。**怒りは、燃料を必要とする。**相手がいっそう怒り出し、あなたも思わず強い口調で応じれば、火に油をそそぐことになる。こうした怒りのサイクルにおちいると、ある時点で、あなた自身も「闘争・逃走反応」を起こし、論理的に物事を考えられなくなる。こうして双方が激昂し、怒りのサイクルから抜け出せなくなると、もはや解決は不可能となる。

こうした怒りのサイクルから抜け出すには、相手の発言をよく聞き、しぐさや感情表現をよく見たうえで、**違う言葉で言い換えながら共感を示すといい。**怒っている人も、相手から共感を示されて怒りを吐き出せれば、しだいに落ち着いて解決策を受け入れられるようになる。そして仮定の話をすれば、風向きを変えることも、怒りの原因となった問題を解決するために行動を起こすよう仕向けることもできる。

怒りのサイクルから抜け出す方法1　共感を示す

怒りのサイクルから抜け出すうえで、共感を示す行為は非常に重要だ。怒っている人が最初に共感を示されれば、意外に思い、混乱するかもしれない。予期していなければ、最初は怪しく思うこともある。だが、やがてあなたの思いやりに気づく。するとあなたは、短期間で信頼を獲得する道筋をつけることができる。

共感を示せば示すほど、自分の発言を相手がどう考えているのか、すぐにフィードバックを得られるようになる。最初の共感の示し方がうまくいかなくても修正できる。

そのとき、こう自問しよう。どう共感を示している？　うまく共感を示すには、どうすればいい？　相手が今考えていることを、どうすれば把握できる？　この自問に答えるためには、相手をよく観察するしかない。「相手の言っていること」によく耳を傾け、「言い方」「態度やしぐさ」をよく観察するのだ。

怒っている人を問題解決の道に導きたいのであれば、まず相手の感情がどのような状態にあるのかを把握しよう。**怒りの原因となっている感情を察することができれば、問題解決への手がかりが得られる。**

相手の感情を見抜くには、外界の出来事に対する言葉やしぐさの反応をよく観察するといい。「調子はいかがです？」と尋ねたあと、相手が口角を下げて淡々とした口調で返事をすれば、相手の調子がよくないことがうかがえる。

そうした口調やしぐさの変化を見抜けば、共感を示すのは簡単だ。相手の顔に浮かぶささやかな変化を見逃さないようにしよう。相手の口調がこわばっていないか、ある単語を強く発音していないか、耳をそばだてよう。感情がこめられている単語を聞きとるのだ。ただし、相手の感情に圧倒されて身動きできないような状態にならないよう注意してもらいたい。**相手の感情の渦にちょっとでも巻き込まれたら、いったんそこに身を沈めて感情の強さを確認し、理性的に物事を考えられる陸へと上がるのだ。**

相手の感情をうまく把握できない場合は「〇〇とお考えですか？」と推測を伝え、それが正しいかどうか検証するのもいいだろう。結局のところ、相手の感情は当人にしかわからない。「あなたは〇〇とお考えなんですか？」と推測すれば、相手は自分が気づかわれていることをありがたく思い、あなたに信頼を寄せるようになる。

通常の状態でやたらと共感を示すと恩着せがましく思われることもあるかもしれないが、怒っている人は恩着せがましいとは思わない。これには二つの理由がある。第一に、怒っている人の中では「闘争・逃走反応」が生じているため、**論理的に情報を処理することができない。**だからその場にふさわしい共感を示される分には違和感を覚えない。第二に、人は生来、周囲の人間はもっと自分の話を聞くべきだと考えている。怒っているときにはとりわけ自己中心的になり、**思いやりを示されて当然だと考えている。**うまく共感を示すカギは、怒りの根本的な理由をあきらかにすることだ。

たとえば、私はＦＢＩに就職したばかりの頃、よく出張を命じられた。当時、わが家には赤ん坊と二人の幼児という三人の子どもがいた。ある出張で、２週間家を留守にしたときのことだ。帰宅して玄関のドアをあけ、妻からの愛情あふれるハグとキスを期待していた私を待っていたのは、「もう限界！　ひとりで子どもたちの世話をしていると、頭がおかしくなりそう！」とわめく妻の姿だった。私はここで「そうか、君は怒っているんだね」と共感を示すこともできたが、それではいっそう妻の怒りを買うのが目に見えていた。そこで私は、妻の怒りの根源にある感情に共感を示すことにした。「僕が子どもたちの面倒をみる手伝いをできなかったから、疲れてしまったんだね」。私の言葉が琴線に触れたのだろう、彼女は「毎週水曜の夜は子どもと離れて友人と気分転換していたのよ」と、怒りを吐き出した。そこで「友だちと過ごす時間は貴重だよね。育児から解放されて、息抜きができるんだから」と私が共感を示したところ、彼女はしだいに落ち着きを取り戻し、また話し出した。

怒りとは、根底にある問題が表面化したものにすぎない。よって共感を示す際には、その根底にある問題に触れなければならない。相手が怒っている真の理由があきらかになれば、怒りを吐き出させるきっかけを与えることができる。

怒りのサイクルから抜け出す方法2　怒りを吐き出す

先の例にもあるように、怒りのサイクルから抜け出すには、怒りを吐き出す行為が欠かせない。そうすれば、フラストレーションが軽くなるからだ。まず共感を示すことで、あなたが脅威ではないことを伝えられる。すると怒っている相手の「闘争・逃走反応」が鎮まってくる。**相手が安心して怒りを吐き出し、苛立ちをやわらげることができれば、頭がすっきりして理性的に考えられるようになり、解決策に目を向ける余裕が生じる。**

怒りを吐き出すのは、一度きりの行為ではなく連続した行為だ。とはいえ、たいてい最初に吐き出す怒りがもっとも大きい。会話の冒頭で怒りの大半を「焼きはらう」ことができれば、再び火に油がそそがれないかぎり、その後、吐き出す怒りは徐々に小さくなっていく。

相手が怒りを吐き出すと、そのたびに自然と間が生じる。この小休止の間に、あなたは共感を示そう。共感を示されると怒りを吐き出しやすくなるため、怒っている相手はその後も怒りを吐き出し続けるが、その度合いはどんどん軽くなっていく。このサイクルを繰り返せば、いずれ、相手はすべての怒りを吐き出す。**相手がため息をつき、肩を落として、視線を下に向ければ、それは怒りをすべて吐き出したことを示すサインだ。**ここまできたら、今度は「仮定の話」をする。

怒りのサイクルから抜け出す方法3 仮定の話をする

仮定の話をもちかければ、問題解決に向けて行動をうながすことができる。というのも、相手が提案に従わずにはいられないようなやり方で、こちらから仮定の話をもちかけるからだ。このテクニックを使うには、まず注意深く相手の話を聞くことを習慣にしなければならない。**うまく仮定の話をもちかけることができれば、相手の怒りのパワーを双方にとってよい解決策に向けられる。**

出張から戻った私の体験談に話を戻そう。しばらく私が共感を示したところ、妻は怒りをすべて吐き出した。そして大きく息を吐き、肩を落とした。ついに怒りを出し尽くしたのだ。

今が仮定の話をするチャンスだ。「僕が実家に子どもたちを連れていくよ。その後、二人でおいしいレストランに出かけるっていうのはどう？ 今までひとりで奮闘してきたんだから、それくらいのことは当然じゃないか」。妻は、私の提案を断りにくい立場に追い込まれていた。もし私の提案を却下したら、自分はレストランでご馳走を味わうだけの苦労をしておらず、疲れはててもおらず、息抜きを必要としていないことになってしまう。自分の苦労を証明するためにも、彼女は私の提案をのまざるを得ない。このテクニックを活用し、私は深刻な夫婦ゲンカを回避できた。さもなければ二人とも怒りで頭に血がのぼり、互いへの苛立ちをあらわにしていただろう。

怒っている相手になんらかの提案を却下されたら、もう一度共感を示し、怒りのサイクルから抜け出す努力をしよう。先ほどの例で、妻から提案を却下されたら、私たちの会話は次のように発展しただろう。

私　『僕が実家に子どもたちを連れていくよ。その後、二人でおいしいレストランに出かけるっていうのはどう？　今までひとりで奮闘してきたんだから、それくらいのことは当然じゃないか』（仮定の話をもちかける）

妻　『そんなことで簡単に言い逃れできると思わないで』（提案の却下）

私　『これまでの君の苦労は、一晩くらいの外食じゃ穴埋めできないというわけだね』（共感を示し、再び怒りを吐き出させる）

こちらが提案をしても拒否される場合は、たいてい**相手が怒りを完全に吐き出していないからだ。**だから再度、怒りを吐き出させるよう努力をすれば、相手はくすぶっている怒りをすべて出すきっかけを得られる。なかにはけっして解決されることのない根深い怒りを抱えている人もいる。その場合は、問題を解決できないことに同意するか、その難しい問題を二度ともち出さないことに二人で同意すべきだ。そうすれば、双方の間に触れてはならない領域ができるものの、せっかくの関係を台無しにせずにすむ。

怒っている人に対処するときには、どんな状況においても、まず怒りを吐き出させることからはじめよう。

次に、税関職員と海外からの旅行客のやりとりをあげるので、参考にしてもらいたい。

税関職員　『失礼ですが、土のもち込みは禁止されています』
旅行客　『でも、これは聖地の土なの。どうしてももち込みたいのよ！』
税関職員　『あなたにとって、特別な土なんですね。だから、どうしてももち込みたいと』（共感を示す）
旅行客　『ええ、おっしゃるとおり、特別なんです。聖なる土なんですもの。邪気を追い払ってくれるし、病からも守ってくれるんです。肌身離さずもっているのよ。絶対にあきらめませんから！』（怒りを吐き出す）
税関職員　『この土は邪気を追い払い、あなたの健康を守っているんですね』（共感を示す）

旅行客　『この土を手元に置くようになってから、私、一度も具合が悪くなっていないんです。手放すわけにはいかないわ』（怒りを吐き出す）
税関職員　『あなたにとって、健康は大事なことなんですね』（共感を示す）
旅行客　『ええ、そうなんです』（肩を落とし、ため息をつく）
税関職員　『解決策を、一緒に考えてみましょう』（仮定の話をもちかける）
旅行客　『それでいいですね？』
旅行客　『ええ』（旅行客は、明確な理由もないのに「ノー」とは言えない）
税関職員　『規則によれば、あなたはわが国に土をもち込むことはできません。土の中の微生物が穀物に寄生するかもしれないからです』（説明する）
『土のせいで、数百万もの人の健康が害されるかもしれないんですよ。その責任を負いたくはないですよね？』（仮定の話をもちかける。客は理由もないのに「責任を負う」とは言えない）
税関職員　『その土を私に渡してください。そうすれば、あなたはアメリカに入国できます』
旅行客　『そうしなければならないのなら、従います』（服従する）

最後に選択権を与えると落ち着く

先の例と違って、旅行客がもっと怒っていて、土のもち込みを断じてあきらめようとしない場合、職員は二つの選択肢を示し、怒っている旅行客にひとつを選ばせるといい。二つの選択肢を提示すれば、怒っている相手は支配権が自分にあると勘違いする。次の会話を読めば、この「選択権はあなたにある」テクニックの使い方がよくわかるはずだ。

旅行客『何がなんでも土は手放しません』

職員『その土に関しては、絶対に譲れないんですね（共感を示す）。しかし、わが国には土のもち込みが禁止されています。ですから、あなたにはどちらか選んでいただきましょう。その一、土を断念し、わが国に入国する。その二、土を手元に置くことはできるが、わが国への入国は認められない（二つの選択肢の提示）。決めるのはあなたです。今後どうなるかは、あなたの決断にかかっています。どちらかお好きなほうを選んでください』（支配権は相手にあると勘違いさせる）

旅行客　『選ぶまでもないわ。だって私、帰るわけにはいかないもの。土はお渡しするしかなさそうね』（服従する）

職員　『正しい決断をなさいましたね。ようこそ、アメリカへ』

どの会話のシナリオを見ても「状況を支配する権利は旅行客にある」と思わせるように、職員が常に水を向けている。しかし実際には、**自分に服従するよう、職員が一歩ずつ旅行客を導いている**のだ。

相手を威嚇するのではなく、それとはわからないような微妙なテクニックで、少しずつ相手を導くと、自分の権威が失われるように感じる人がいるかもしれないが、実際は違う。相手に自ら服従させれば、あなたの権限が強まるだけでなく、関係が険悪になったり、相手がいっそう怒りだす確率を減らせる。怒りのサイクルから抜け出すことで、相手はあなたの思いどおりの決断を自らくだすと同時に、あなたに尊重してもらったと感じる。対立し、怒りをつのらせている相手に、これ以上の結果を望むことはできないだろう。

関係が悪化するとき

とはいえ、最善の努力をしたにもかかわらず、大切な関係が悪化してしまったら、どうすればいいのだろう？　とくにこれまで多大な時間をかけ、さまざまな責任をもって育んできた関係が悪化したら、なんとかしてこの難局を乗り切り、関係を修復したいと思うはずだ。

大丈夫、たいてい修復することができる。というのも、結婚など長期にわたる関係を結ぶとき、**人は「ずっとこの関係を維持したい」と思っている**からだ。

関係を悪化させる理由は多々あるが、主に次のようなものが考えられる。

1　価値観の違い

20代のときに同じ仕事をしていた人が当時同じ価値観をもっていたとしても、30年もたてば変わる。双方がきちんと相手の気持ちと向きあい、その変化を認識していなければ、長い付き合いであろうと、しだいに人生の目標や仕事に対する考え方の違いが目立つようになる。

2　空の巣症候群

子どもたちが巣立つと、親のどちらか、あるいは両方が抑うつ状態におちいる。

3　自由を求める

長い間一緒に過ごしているカップル、とくに年若くして結婚した夫婦は、ときに「縛られている」ように感じる。そして独身の友人が謳歌している「自由」を渇望する。これは一種の「隣の芝生は青い」症候群だ。既婚者は独身者の自由に憧れ、独身者は既婚者の強い絆に憧れる。

4　変化を求める

60代後半や70代の夫婦が、どうして長続きした関係に終止符を打つ気になるのだろうと不思議に思ったことはないだろうか。その理由は、単純に「人は永遠には生きられない」という事実に気づいたか、別の人生を生き直したいと思っていたのに、そのチャンスが徐々に失われようとしているという事実に気づいたかのどちらかだ。

5　ひとりの、あるいは双方の人格の変化

人格は静止しているわけではないし、思春期の頃のまま固定されているわけでもない。時間の経過につれ、人の性格は変わる。そして、性格の変化により関係がこじれた場合、たいていそれぞれが違う道を歩み出す。

6　第三者の妨害

人間は元来、一夫一婦制を維持しようとする生き物なのかどうか、行動科学者は長年論じてきた。論争は今も続いているが、不貞や新たなパートナーの出現により、長期にわたる関係に終止符が打たれる例は跡を絶たない。

7　倦怠

同じことの繰り返しがあまりにも長く続くと、人は飽きてしまう。以前はあれほど胸がときめいた関係が面白みのないものとなり、不満ばかり覚えるようになる。

8　性格の不一致

人間関係が進展すれば、本性が露呈する。すると、相手が受け入れられないような行動

をとりはじめる場合がある。飲酒、ギャンブル、セックスレスなどの問題を引き起こすこともあれば、自分の殻の中に閉じこもってしまうこともある。眠りの浅いパートナーにとっては、相手がいびきをかきはじめたことでさえ大問題となる。

双方が努力を重ねたり、カウンセリングを受けたりすれば、たいていの場合、こうした問題を克服することができる。二人でこのまま一緒にいたい、そのために必要なことはなんでもするという強い意志をもって努力すれば、必ず乗り越えられる。親友とでさえ、大変な口ゲンカをすることはあるのだから、短期のものであれ、長期のものであれ、**良好な人間関係を維持するには努力を継続しなければならない。**花が満開になることを願う庭師のように思いやりをもち、忍耐強く、愛情をこめて、人間関係に栄養を与える必要がある。害虫被害にあったからといって、人間関係を死なせるわけにはいかない。今の関係を救うためにできることはすべてやったと納得できないうちは、あきらめてはならないのだ。

離婚を考えはじめたら……ガラスを割ろう

機会さえあれば、私は過去に自分がもらったアドバイスを、若いカップルに伝えている。交際をはじめたばかりで互いに夢中になっているときに相手への手紙を書いておくのだ。どんなところが好きで、どんなところを尊敬しているのか、気持ちをこめて書き出す。だが、すぐには手紙を見せず、箱にしまって安全な場所に保管しておくといい。

そして、いつかあなたたちの関係がこじれたときに、互いにこの手紙を読んでもらいたい。この手紙は、いわば**「相手への思いのリマインダー」**の役割をはたす。手紙を読めば、二人とも相手への愛情を思い出し、初心に戻れる。

私がこのアイデアを教えたところ、ある男性は実際に自分で木の箱をつくり、ビルによく設置してある非常用ボタンのように、正面がガラス張りのデザインにした。そして、金槌《かなづち》を金属の鎖で箱につなげた。ガラスには「離婚を考えはじめたら、ガラスを割れ」と書いてある。箱の中には、数通の手紙が収められており、そこには夫婦が恋に落ちたときの思いが綴られている。夫婦ゲンカが激しくなると、どちらかが「じゃあ、ガラスを割ろうか？」と言い出す。すると二人はわれに返って穏便に仲直りするようになったという。

第7章

ネット社会の賢い泳ぎ方

オンラインでは、誰でもなりたい人物になれる。
ただ現実世界で顔をあわせるとなれば、少々面倒なことになるが。

——tokii.com

オンライン恋愛で人生を棒に振った話

次に紹介するのは実話である。デジタル時代にのみ起こりうる、一種のラブストーリーだ。登場するのは68歳の大学教授と、チェコ共和国のビキニ姿のモデル。この教授は、べつに知力が衰えていたわけではない。ノースカロライナ大学チャペルヒル校に物理学者として30年もの間勤務し、素粒子理論を教えていたのだから。

当時この教授は離婚したばかりで、ひとりわびしく暮らしていた。そこでオンラインのデートサイトを利用したところ、くだんのチェコ共和国の美女と知りあった。教授はしばらくメールやチャットなどで、このモデルと連絡をとりあった。すると、この絶世の美女がモデル業に見切りをつけ、自分と結婚したがっていることがわかった。インターネットで知りあったこの若い女性が詐欺師ではないか、どうしてこれほど魅力的な美女が自分を夫として選んだのかという疑問は、彼の頭にまったく浮かばなかった。

いたましいことに、実に残酷なやり方で、彼はその理由を思い知ることになった。教授は、その若い女性と何度も電話で話そうとしたが、うまくいかなかった。だが、仮想世界ではなく現実世界で顔をあわせることに、ついに彼女が同意した。今ボリビアでモデルの仕事をしているから、飛行機でここまで飛んできてほしいというのだ。教授はいそいそと空港に出かけた。あとの話は、気の毒なことこのうえない。

チケットのトラブルのせいで、教授は予定より遅い時刻にボリビアに到着した。すると、彼の「恋人」はすでにボリビアを発っていた。とはいえ、何も問題はないと、彼女は伝えてきた。こんどはベルギーの首都ブリュッセルで撮影をする予定だから、そこで落ちあいましょう、ブリュッセルへのチケットは送るけれど、ボリビアにバッグをひとつ忘れてきてしまったから、それをもってきてちょうだい、と。教授は言われたとおりにした。だが乗り継ぎのブエノスアイレスの空港で、バッグの中身を調べられた。すると1980グラムのコカインが隠されていることが判明し、教授は麻薬密輸の罪で告発された。さいわい、刑は軽いものだった。

さて、チェコのビキニ姿のモデルは、いったい何者だったのか？　彼女は実在した。そして、自分に求婚した学者に「同情」を示しはしたものの、「現実世界ではもちろん、ネットでも、そんな人物とは連絡をとったことがない」と断言した。《ニューヨーク・タイムズ》に詳細な記事を寄せた記者のマクシーン・スワンは「1カ月の実刑判決を受ける前、留置所で一緒になった男から『おまえがネットでずっと連絡をとっていたのはモデルになりすましていた男だったに違いない』と言われ、教授はようやく納得した」と記している。

だからといって私は、ネット社会を活用して友人をつくるのは控えなさいと言うつもりはない。偽物と本物の区別の仕方さえ把握していれば（その方法は本章で後述する）、友人をつくるうえで、オンラインには有利な点がいくつもあるのだから。

内向型の人こそ、インターネットを活用しよう

内向型は、現実世界で人と顔をあわせているときより、ソーシャルネットワークでのほうが多くの情報を発信できる。というのも、ネットではレスポンスを考えるだけの充分な時間があるからだ。内向型は、見知らぬ人に話しかけるのが苦手だし、初対面の人と会話をするのも不得手だ。ところがソーシャルネットワークでは、こうしたプレッシャーから解放される。そのうえ、外向型から邪魔されずに時間をかけて自分の考えを表現することもできる。また、実際に顔をあわせて会話をしているときとは異なり、相手の否定的な言動にその場で対応せずにすむのがありがたいと考えている。

現実社会よりも、ネット社会のほうが、相手との共通点を見つけやすい。似たようなことに関心をもっている相手を見つけたいのであれば、ネット社会は完ぺきな環境を提供している。切手収集の趣味をもつ仲間を見つけたい？　ネットには、そのグループがある。

クラシックカーの展示に興味がある？　ネットには、そのグループがある。あるスポーツの熱狂的なファンであり、動物愛護活動のボランティアにも興味があり、ワシントン州で有機栽培されたリンゴを食べている人をさがしたい？　ネットにはそのグループがある……かもしれない。ネット上に存在する数百万の人たち、数千ものチャットルーム、さまざまな活動に関心をもつ無数のグループは、似たような趣味をもつ人と親しくなる機会を提供してくれる。

現実世界で特定の資格や興味をもっている友人をさがしている場合、どこに行けばいいのだろう？　バーや公共の場所に出かければ、数百という単位の人がいるかもしれないが、**ネットでは無数の人がクリックされるのを待っている。**オンラインにアクセスする人の数を考えれば、あなたと共通の関心事をもつ人を見つける場としては、現実社会よりネット社会に軍配があがるだろう。

オンラインでは匿名で通せるうえ、ワンクリックで交流を始めることも終わらせることもできるため、当然、面と向かって反対されたり拒否されたりする機会も少なく、人前で恥をかかずにすむ。とはいえ、疑わしい情報や画像をネットに投稿すれば、恥をかくのは当然なので注意しよう（著名な政治家や有名人でさえ、こうした失敗を犯し、恥をかくことがある）。

出会い系サイトでは、自分が求める条件を満たしているパートナーをさがすことも可能だ。もちろん、あなたに接触してくる人が、条件を満たしていない場合もあるだろう。それでも、出会い系サイトによっては審査機能を備えているところもあり、接触してくる人に制限をかけるうえで役に立つ。

インターネットを利用する際の注意事項

ネットには情報があふれている。人や物について知りたい場合、その取り扱い方さえわかっていれば、ネットは情報の宝庫となる。と同時に、インターネットは、現実世界であろうとオンラインであろうと、**親しくなりたい相手について深く知るためのツールでもある。**特に相手がオンラインのみの友人である場合、実際に顔をあわせて交流を深め、相手の情報を集めることができないため、情報検索がいっそう重い意味をもつ。

オンラインで一対一のコミュニケーションが可能になったおかげで、友人をさがし、友情を育む方法は劇的に変わった。こうしたネット交流の人気は高まるばかりであり、今後、人々が知りあい、親睦を深めていく方法はいっそう大きく変わるだろう。

私たちは今、どんな時代を生きているのだろう？　チャールズ・ディケンズの言葉を借りれば「もっともよい時世でもあれば、もっとも悪い時世でもあった」。適切な使用法で、安全に留意すれば、ネット社会での友情は実りあるものとなり、大きな見返りも得られる。だが、ネットにつきもののリスクに注意を払わないでいれば、間違いなく大惨事を招くことになる。パソコンやスマートフォンに手を伸ばす前に、次の注意事項に留意してもらいたい。

投稿は永久に消えないと知っておく

フェイスブック、ツイッター、インスタグラム、チャットルーム、SIG《シグ》、電子メール、ブログ、検索エンジン、出会い系サイト……。友人をさがしたり、一生をともにするパートナーをさがしたりする場所が、インターネットには無数にある。

だが、映画『ジョーズ』の予告編を見たときのように、本気で怖がってもらいたい。ネットでは大きな代償を支払わねばならない場合があることを。あなたが書き込んだこと、あなたが投稿した旅先の画像、電子メール、メッセージはすべて、すぐにネット上で永遠の生命を得、不死のものとなる。あなたがサイバー空間に残した足跡は、砂浜に残した足跡とは異なり、波で消されることがない！

あなたの雇用を検討している人、あなたと交際しようかどうか迷っている人、ビジネスや行政の関係者までが、あなたのサイバー空間での活動を調べ、あなたに関する情報を入手している。そして、そうした情報を分析し、あなたとの付き合い方を決めている。**たとえその情報が数十年前のものであろうとも。**

だから、あなたが「投稿するもの」が「あなた自身」であることを、どうか心にとめてもらいたい。**それは永遠に残る。**パソコンの前に座り、インターネットにログインするたびに、「これから書き込んだり、投稿したりするもののせいで、明日の地方新聞の一面に自分が載るかもしれない。それは1カ月後かもしれないし、10年後かもしれないが、そうなったら恥ずかしくないか?」と自問してもらいたい。その答えが「イエス」か「たぶん」であるなら、送信ボタンやエンターキーを押す前に、よく考えるべきだ。

サイバー空間にマナーあり

テクノロジーは猛スピードで進化を続けており、パソコンやスマートフォン利用時の社会規範がそのスピードに追いついていないことがある。とはいえ、一般的なガイドラインさえ守っていれば、ある程度は安全にネットでの交流を楽しむことができる。基本的なマナーを守れば、オンラインでも現実世界でも、敵よりは友人のほうがつくりやすいはずだ。

デジタル探偵

私はよく飛行機を利用して出張する。あるときナッシュビルの空港で、搭乗ゲートに向かっていた。ただし今回は、アップグレードに成功した話ではない。

搭乗ゲートでは男性と女性の職員二人が、高級そうなデジタルカメラを熱心に調べていた。そして「カメラに名札はついていないし、他に持ち主を特定する情報もないわ。でも、このカメラの持ち主を突きとめて、どうにかして返さなくちゃ」という会話が聞こえてきた。私は、何をしているのかと二人に尋ねた。すると「私たちはアメリカン航空の、いわばFBI捜査官なんです」という返答があった。そこで私は、自分は以前、本物のFBI捜査官だったことを伝え、なんの手がかりもないのに、どうやってカメラの持ち主をさがすつもりなのかと質問した。すると男性職員がカメラの電源をいれ、撮影された画像を手がかりに持ち主をさがすつもりです、と説明した。

私は、二人が謎解きをするプロセスを興味深く眺めた。まず、日付入りの写真を次から次へと見ていった。どうやら所有者は、ヒスパニック系の男性のようで、3日前までラスベガスに滞在していたらしい。家族が一緒に写っていないため、おそらく出張で訪れたのだろう。宿泊先は、ベラージオ・ホテル。二人は、画像を次から次へとスクロールしていった。やがて、女性職員がふいに声をあげ、男性職員とハイタッチをした。「手がかりがあったわ！」彼女は、その前の週に撮影された写真を見せてくれた。その写真には、ツーバイフォー工法の比較的新しい、青い下見張りの家が写っていた。だが私には、この写真のどこに手がかりがあるのか、さっぱりわからなかった。

彼女は家を指さし、「このタイプは、中部大西洋の州の東海岸側でよく見られる家なんです」と言った。「なるほど」と、私は応じたものの、まだぴんとこなかった。「で？」彼女は、前庭の隅のほうに小さく写っている「FOR SALE」の看板を指し、カメラのズーム機能を使って、不動産会社の所番地と電話番号がよく見えるようにした。サウスカロライナ州コロンビア。私はようやく合点がいき、「カメラの持ち主は、サウスカロライナ州コロンビアからきたんだね。この家の写真を撮影するはずがない」と、自分の推理を声に出して説明した。すると、女性職員が「私たちが乗ってきた便が、サウスカロライナ州コロンビア行きだったんです」とつけくわえ、乗客名簿をとり出した。幸いそこにはヒスパニック系の名前はひとつしかなかった。

私はその後、自分のフライトに搭乗したが、おそらくカメラは無事に、持ち主の手元に戻ったはずだ。ちょっとしたデジタルデータの手がかりを見つければ、カメラの持ち主を簡単に割り出せることに、私は感銘を受けた。彼らに同様の手法を用いて、電子機器の遺失物をこれまでに何度も持ち主に返してきたという。

さて、この体験談でお伝えしたかったのは**「ネット社会で匿名を貫くのは困難である」**ということだ。今度、あなたがインターネットにデジタル画像など、なんの変哲もないものを投稿するときに、この事実を思い出してもらいたい。

「なりすまし」に注意

インターネットは、人との交流を深め、ときには生涯続く交友関係を育むうえで、いわば肥沃な土地といえる。すると必然的に「出会い系」サイトがどんどん増え、恋人を手軽にオンラインで見つけられるようになる。こうしたサイトの運営側は「うちのサイトを利用すれば〝ゾウルメイト〟が見つかりますよ」と喧伝《けんでん》する。オンラインで出会った相手と長期にわたる関係を築き、ついには現実世界で互いに責任をもち、愛しあえるようになるというわけだ。

確かに「自分にぴったりの相手」を見つけようとネットを利用し、見返りを得られる場合もある。だが、**それは生き地獄にもなりうる。**留意してほしいのは、ネットから生じた出会いが必ずうまくいくとか、トラブルとは無縁だという保証はないということだ。友人や恋人をネットでさがすときには、次の実話から得られる教訓を自分自身に言い聞かせてもらいたい。

恋人は架空の人物？

ノートルダム大学のアメリカンフットボールのスター選手が、ある日、恋に落ちた。相手は、オンラインで知りあった女性である。ところがその後、彼は悲劇に襲われた。愛する彼女が白血病で亡くなったのだ。なお悪いことに、彼女が亡くなった日に、その選手の祖母も他界した。

スター選手が二重の悲劇に見舞われたというストーリーは、全国ニュースで報じられた。だがその直後、べつの事実が暴露され、もっと大きく報じられることになった。なんと、愛した女性は亡くなってなどいなかった。そもそも、彼女は存在していなかったのだ！　彼女は、非常に悪質なユーモアの持ち主によってサイバー空間でつくりあげられた架空の人物だったのだ。

もうひとつ、実話を紹介しよう。サーナとアドナン・クラリッチ夫妻の結婚生活は、うまくいっていなかった。そこで二人は、それぞれハンドルネームを利用し、オンラインのチャットルームに、わびしい結婚生活の愚痴を書きこみはじめた。妻のハンドルネームは「スウィーティ」、夫のそれは「プリンス・オブ・ジョイ」。やがて二人はチャットルームで新たな出会いを求めはじめた。

ほどなく二人は、ようやくチャットルームで理想の相手を見つけることができた。今の結婚相手とは違い、こちらの問題に深い理解を示し、やさしい言葉をかけてくれる人を。

サーナとアドナンは、今度こそ心から愛せる人と出会ったのだと確信した。そしてついに時間と場所を決め、実際に顔をあわせることにした。その運命の日、サーナとアドナンは、この不謹慎な行動を配偶者に気づかれることがないよう、それぞれが言い訳をして約束の場所に出かけていった。

待ち合わせの場所に到着した二人は、ようやくオンラインの恋人と対面をはたした。それは、知らない相手ではなかった。サーナとアドナンは、互いにそれとは知らず、オンラインで甘い言葉のやりとりを続けていたのである!

サーナとアドナンが不貞を働いたか否かの判断は、弁護士にまかせるとして、自分の配偶者と浮気をするなどということがあろうとは、二人とも想像していなかったはずだ。結局、「スウィーティ」と「プリンス・オブ・ジョイ」がこの対面を喜ぶことはなかった。そして互いを不誠実だと非難しあい、離婚を申したてたという。

さて、こうした実話から何を学べばいいかを次にまとめた。

✔ ネットから発展した交友関係は、実際に顔と顔をあわせた付き合いと同じくらい、ときにはそれ以上に強力なものになりうる

✔ ネット社会では、物事は常に見かけどおりとはかぎらない

✔ 著名な物理学者がネットでだまされるのだから、あなただってだまされる可能性は充分にある

✔ ネット社会には、現実社会と同様、下劣でひどい連中が生息している

✔ ネット社会では、こちらの想像をはるかに超える勢いで、詐欺行為がまかりとおっている。こうした問題を扱ったドキュメンタリー映画やリアリティー番組もよく製作されており、特に横行しているのが「なりすまし」だ。インターネットのセキュリティ問題に詳しいパリー・アフタブ弁護士によれば、これは「ソーシャルメディアを利用していない人物になりすます」行為を指すそうだが、私としては、あなたの個人情報を盗もうとしているハッカーの行為も含めたいところだ

✔ ネットでは、自分に何枚ものベールをかけ、正体を隠すことができる。だから人はサイバー空間で、面と向かっては絶対に言わないようなことを口にする

✔ 現実社会と同様、**ネット社会でも、うまい話には裏がある！** よって、ソーシャルネットワークは有害にもなりうる。ネットに投稿されたものが、知らないうちに公の目に触れないとはかぎらない。自分の投稿が永遠の命をもち、公開されて

しまう可能性があることを覚悟しておくべきだ

✓ 現実世界の交流と同様、誰かになりすませば、たいてい不快な結果が生じる

「オンライン」と「オフライン」の両方で、相手を試す

ティーンエイジャーをネットに野放しにするのは、とくにそれがわが娘とくれば、ひやひやするものだ。そこで私は娘たちに、容疑者が真実を言っているかどうかを見きわめる際に利用できるテクニックをいくつか伝授した。オンラインと現実世界の両方で、娘の身を守りたかったからだ。同様の理由で、私はみなさんにもこうしたテクニックを紹介する。こうしたテクニックを利用すれば、それが詐欺や欺瞞だという確たる証拠があがるわけではないが、少なくとも相手がウソをついていたり、限度を超えたところまで真実をごまかしていたりする場合には、そのヒントが得られるはずだ。

「まあね……」はウソのサイン

あなたが、「イエス」か「ノー」の返答を求める質問をしているのに、相手が「まあね……」「うん……」とあいまいな返事をしたら、それはたいていウソだ。質問者の期待とは異なる返事をしなければならないとき、相手は返事をごまかす。たとえば、私と娘が次のような会話をしたとしよう。

父『宿題はすませたかい？』
娘『まあね……』
父『部屋に行って、宿題をすませなさい』
娘『どうして宿題を終わらせてないって、わかったの？』
父『パパにはわかるんだよ』

父親には、娘が返事を最後まで言い終えるのを待つ必要がなかった。というのも、「イエス」か「ノー」を求める質問をしているのに、「まあね……」と返答するのは、父親の期待とは異なる返事をするつもりだからだ。

次の例は、殺人事件を目撃したと思われる男性に、私が事情を聞いていたときの会話だ。彼は犯罪現場付近に居合わせたが、発砲は目撃していないと話していた。何を尋ねてもあいまいな返事しか返ってこなかったので、私は「イエス」か「ノー」で答える質問をぶつけ、彼が本当のことを言っているのかどうか、探ることにした。

私　『あそこで起こったことを目撃しましたね？』
目撃者　『まあ……私がいたところからは、よく見えなかったんですよ。暗かったし、あっという間の出来事でしたから』

私は彼に「イエス」か「ノー」で答えるべき質問を投げかけた。だが彼が「まあ……」という言葉で返答をはじめたので、彼がウソをつこうとしていることに、私は気づいた。だが怪しまれないよう、私は返事をさえぎることなく、そのまま話を聞き続けた。

このテクニックを利用できるのは、「イエス」か「ノー」で答える質問をしたときだけだ。 たとえば「来年、スーパーボウルでどこが優勝すると思う？」という質問にたいして相手が口ごもったとしても、それは相手がその質問にどう答えようかと考えているにすぎない。

「イエス」か「ノー」で答えなければならない質問を投げかけて、「まあね……」などとあいまいな返事が戻ってくるようなら、相手はウソをついている可能性がある。もっと踏み込んだ質問を続け、相手が信用できるかどうか、見きわめるといい。

次の母親と娘がかわす会話を読めば、言い逃れをするテクニックがよくわかるはずだ。

母親『今日の午後、先生が電話をくださったの。あなたが試験でカンニングをしたんじゃないかという疑いがあるそうよ。あなた、カンニングしたの？』

娘『あたし、夜、2時間も勉強したんだよ。みんなの中で、あたしがいちばん勉強してる。試験中にカンニングするのは、勉強しない人だよ。あたしはいっつも勉強してる。あたしを責めないで！』

母親『べつに責めてるわけじゃないわ』

娘『責めてるよ！』

母親は娘に「イエス」か「ノー」で応じる質問をした。だが娘は「イエス」か「ノー」で答えるのを避けて言い逃れをし、質問に直接答えようとはしなかった。そして母親を非難して会話を終えたため、母親を守勢に追い込んでいる。話の焦点はもはやカンニングのことではなくなり、母親が不当な非難をしていることにすりかわっている。これがわかっていれば、母親は次のように会話の流れを変えられたはずだ。

母親『今日の午後、先生が電話をくださったの。あなたが試験でカンニングをしたんじゃないかという疑いがあるそうよ。あなた、カンニングしたの？』

娘『あたし、夜、2時間も勉強したんだよ。みんなの中で、あたしがいちばん勉強してる。試験中にカンニングするのは、勉強しない人だよ。あたしはいっつも勉強してる。あたしを責めないで！』

母親『あなたが一所懸命に勉強していることも、いい成績をとっていることもわかってる。でも、お母さんが訊きたいのは、そういうことじゃないの。あなたが試験中にカンニングしたかどうかを知りたいの。あなたカンニングしたの？』

当初の質問へと会話の流れが戻ったため、「あなたカンニングしたの？」という質問に、娘は答えざるをえなくなる。娘はここで「イエス」か「ノー」で答えるか、再び言い逃れをするか、どちらか選ばなければならない。こうした質問に「イエス」か「ノー」で答えないからといって、それは相手がウソをついている決定的な証拠にはならないが、相手がウソをついている確率はぐんと高くなる。カンニングをしていないのであれば、娘は「ノー」と答えればすむのだから。**真実はシンプルだ。**

「どうして君を信じなくちゃならないんだ?」

相手があなたの質問に「イエス」か「ノー」で答えてもなお疑わしいときは、「どうして君を信じなくちゃならないんだ?」と尋ねてみよう。正直な人はたいてい、「だって、本当のことを言っているから」などと答える。反対にウソつきは、事実を正確に述べるのではなく、「この話は本当だ」と懸命に訴える。ウソつきは事実に頼れないため、一見、真実に見えるような話を利用し、自分は信頼に値する人物だと見せかけようとする。して正確に事実を伝えようと努力する。**信用の置ける人は、ただ情報を伝える。**そ

相手があなたの質問に「イエス」か「ノー」で答えてもなお疑わしいときは、「どうして君を信じなくちゃならないんだ?」と尋ねてみよう。正直な人はたいてい、「だって、本当のことを言っているから」などと答える。**信用の置ける人は、ただ情報を伝える。**そして正確に事実を伝えようと努力する。反対に**ウソつきは、自分が言っていることは真実だと相手を言いくるめようとする。**ウソつきは、事実を正確に述べるのではなく、「この話は本当だ」と懸命に訴える。ウソつきは事実に頼れないため、一見、真実に見えるような話を利用し、自分は信頼に値する人物だと見せかけようとする。

「だって、本当のことを言っているから」以外の返事が返ってきたときには、「それでは質問に対する答えになっていない」と指摘し、「どうして君を信じなくちゃいけないんだ?」という質問を繰り返そう。それでもまだ「だって、本当のことを言っているから」という内容の返事が返ってこなければ、相手はウソをついている確率が高い。次の父親と息子の会話を見れば、このテクニックの使い方がわかるはずだ。

父親『今朝、パパのデスクの引き出しに10ドル入っていた。だが今はない。何か理由があって、パパのお金をもっていったのかい？』
息子『ううん』
父親『おまえを信じたいが、そう簡単にはいかない。教えてくれ。どうして、おまえを信じなくちゃいけないんだ？』
息子『僕は泥棒じゃない』
父親『おまえが泥棒かどうかを訊いてるんじゃない。なぜおまえを信じなくちゃいけないのか、その理由を訊いてるんだ。どうして、おまえを信じなくちゃならない？』
息子『それは、僕がお金を盗んでいないからだよ。本当だよ、パパ』
父親『おまえは本当のことを言っているね。信じるよ』

この会話で、息子は最初に、自分は泥棒ではないと応じた。この返事では、質問の答えになっていない。そこで父親は「どうして、おまえを信じなくちゃいけないんだ？」と尋ねることで、息子に第二のチャンスを与えた。問題は、息子が泥棒かどうかにあるのではなく、なぜ信じなくてはならないのか、その理由にあるとはっきりさせたのである。

すると息子は「それは、僕がお金を盗んでいないからだよ。本当だよ、パパ」と答え、自分が真実を述べていることを示した。息子が質問にきちんと答えたからといって、真実を述べているという確証にはならないが、ウソをついているという確率は低くなる。

パソコンやスマートフォンで人とコミュニケーションをはかるときには、こうしたシンプルなテクニックを使い、相手が信頼できる人物かどうかをテストするといい。**このテクニックなら、信頼性を試されているのではと、相手が勘ぐることはない。**もちろん、こうしたテクニックはあくまでも指標となるだけで確証にはならない。それでも、オンラインで食い物にされるのを避けるうえでは役に立つ。

プロフィールのウソはプラスにならない

多くの人は、オンラインのプロフィールに、自分の情報を正確には載せないものだ――特に出会い系サイトのプロフィールには。トーマ、ハンコック、エリソンの三人の研究者は、出会い系サイトにプロフィールを掲載している80人を対象に調査を行った。すると驚いたことに、その81パーセントもの人たちが、身長、体重、年齢などについて、一カ所以上、ウソをついていた。**女性は体重に関して、男性は身長に関してウソをつく傾向があったという。**平均体重と自分の体重の差が大きい女性ほど、体重についてウソをついていたし、平均身長と自分の身長の差が大きい男性ほど、自分の身長についてウソをついていた。また男女ともに既婚か独身か、子どもは何人いるかといった「家族関係」の情報よりも、掲載する「画像」に関してウソをつく傾向が強かったという。

ハンコックとトーマが追跡調査を実施したところ、オンラインの画像の三分の一が、正確ではないことがわかった。とくに女性の画像は男性の画像より不正確だった。女性の場合、オンラインに載せた画像よりも、実年齢が上である傾向が強かった。女性の画像は、画像編集ソフトなどで加工されているケースも多く、またプロのカメラマンに撮影されているものもあった。**外見に自信がない人ほど、プロフィールで自分をよりよく見せようとしていた。**興味深かったのは、オンラインのプロフィールではウソをついていたものの、その後、実際に顔をあわせる約束をすると、あまり矛盾が生じない程度にプロフィールに修正を加える傾向が見られたことだった。

オンラインのプロフィールにはウソが多いと聞いても、それほど意外ではないかもしれない。いわば**オンラインのプロフィールは初デートのようなもの**だ。初デートのときには、誰だって、できるだけ好印象を与えようと奮闘する（就職活動で「面接用」のスーツを着るようなものだ）。女性は、よくよく考えたうえで着る服を選び、ふだんより時間をかけてメイクをする。男性は、自分の服装の色合わせがおかしくないか、皺が寄っていないかを確認する。そして、何をどんなふうに話そうか、事前に会話の練習をする。礼儀正しい会話と申し分のないマナーを心がければ、性格の欠点や妙な癖は目立たなくなる。そのうえで、いい第一印象をもってもらえるよう、さらに努力を重ねる。

せいいっぱい自分をよく見せるのは、詐欺にはあたらない。**どれほど背伸びをしたところで、あなた自身であることに変わりはない**からだ。だからインターネットにプロフィールを載せるとき、いいところを見せようと努力するのはかまわないが、画像や自己紹介の文章が真実の範疇《はんちゅう》からはずれない程度にしよう。同様に、オンラインで交際相手をさがす人は、オンラインのプロフィールを割り引いて解釈すべきだ。そして実際に会えば、外見がオンラインのプロフィールの画像ほど魅力的でもなければ、経歴や特徴がそれほど素晴らしくはないことを覚悟しておこう。

男女を問わず、人は社会的な通念としての「美の基準」を満たしている必要があると感じるものだ。とはいえ、それはもっぱらメディアに煽《あお》られたものにすぎない。魅力ある友人や恋人と見なされたいと願い、人はそうした基準に自分のイメージを近づけようとする。そうした基準を満たしていないと感じている人は、自分には魅力が足りないからウソをつかなければ人を引きつけることができないと思い込む。このパターンは今後しばらく変わることはないだろうし、出会い系サイトやチャットルームの利用者はいっそう増えていくだろう。

ネット社会に交流を求める人は、「最高の印象」を与えるプロフィールと、「欺瞞《ぎまん》だらけ」のプロフィールを区別して考えねばならない。欺瞞だらけのプロフィールを載せれば、あなたと付き合いたいと希望する人の数は増えるかもしれない。だが、いったんそうしたウソが暴露されれば、期待、希望、夢をもってはじまった交流が、裏切りと失望に終わることになる。**ネットで知りあった相手と信頼関係を築きたいのであれば、オンラインのプロフィールを正直なものにしよう。**そして、辛抱強く待とう。本当のあなたを好きになってくれる人との交流には、待つだけの価値がある。

「なりすまし」にだまされない

視線の動き、頭の回転、声の高さは、その人の性格、誠意、真実を語っているかどうかなどを知る手がかりとなる。前述したように、私たちの脳は相手が自分の脅威となるかならないかを判断しようと、しぐさや態度や会話を常に見張っている。そうした手がかりが〈好意シグナル〉であれば、脳はそうしたしぐさを特に意識しない。だが、いったん〈敵意シグナル〉と見なせば、脳は脅威となりうる相手からわが身を守ろうとする。

ところがオンラインでは実際に顔をあわせてはいないため、〈好意シグナル〉や〈敵意シグナル〉を察知できない。顔文字などを利用すればコミュニケーションの助けにはなるものの、それだけでは充分ではない。見えない相手の性格、信頼性、誠実性を見破るには、もっと高度な技術が必要となる。とはいえ、この高度な技術を身につけるには時間がかかる。次に、オンラインで知りあった相手の信用度を評価する際の問題点を挙げるので、よく理解してもらいたい。

「真実バイアス」の効果を知っておく

人には他人を信じる傾向がある。「真実バイアス」と呼ばれるこの現象のおかげで、地域社会は存続し、商売が円滑かつ効率よく行われている。「真実バイアス」がなければ、人は他人から集めたデータのチェックに膨大な時間を費やすことになるだろう。「真実バイアス」はまた、社会の初期条件の役割もはたしている。相手が正直であるかどうかをいちいち疑っていては、友人や同僚との交友など成り立たない。**その人物が信用できないという事実が表面化するまで、私たちはたいてい相手のことを信用する。**

その一方で「真実バイアス」は、ウソつきを優位に立たせる。人間は自分が聞いたこと、見たこと、読んだことを信じたいと思うからだ。とはいえ、「これはウソかもしれない」と本人が詐欺の可能性を意識しはじめると、「真実バイアス」の力は弱まる。メールやメッセージでも「真実バイアス」は力をもっている。他人がメールやメッセージで書いた内容は、基本的には真実だろうと、受け手はつい信用してしまう。実際に相手と会い、しぐさや態度、口調などからシグナルを読みとれないため、文面が信用できるかどうかの判断をくだすのが難しいのだ。

「真実バイアス」にはもうひとつ、大きな特徴がある。相手の話にちょっとしたほころびや矛盾が見つかっても、疑問を唱えるのを避けるため、こちらで勝手に言い訳をさがし、相手を正当化してしまうのだ。相手に反論するより、ちょっとした食い違いに目をつぶるほうが簡単だからだ。

ネットにも存在する「初頭効果」

「真実バイアス」は「初頭効果」を生み出す。「初頭効果」とは第3章で説明したように、最初の情報が印象に残りやすいという現象であり、私たちが経験するコミュニケーションや出来事にフィルターをかける。初頭効果に現実を変える力はないが、人の認識を変える力はある。「真実バイアス」もまた「初頭効果」を生む。ネットに記されている内容に疑問が生じるような出来事が起こらないかぎり、私たちは書かれた文章の内容を信じてしまう。態度やしぐさ、口調などをヒントに判断できないため、ネットの書き込みの信憑性を判断するうえで、**ユーザーは不利な立場にあることを覚えておこう。**

こうした場合、自分が信じていることに対して、競合力のある仮説を考えることを心がければ「真実バイアス」と「初頭効果」の影響力を弱め、オンラインでも相手の本当の性格と誠実さを判断できるようになる。仮説とは、経験や知識に基づいて推測したものだが、**競合仮説は、まったく同じ状況、あるいは似たような状況から生じる正反対の結果を、推測したものだ。**

たとえば、あなたにオンラインでメッセージを送っている人物が「本物であり、真実を述べている」という仮説を立てたとしよう。これに対する競合仮説は、その人物が「詐欺師であり、大ウソつきだ」というものだ。この二つの仮説を立てたら、あなたはメールなどでネット上の相手と交流を続けつつ、「書き手は本物で真実を述べている」という当初の説か、「書き手は詐欺師で大ウソつきだ」という競合仮説の証拠となるものをさがせばいい。

もちろん、どちらかの仮説の証拠となるようなものは、めったに見つからない。正直な人はウソっぽいことを言うものだし、ウソつきはいかにも誠実そうなことを言うからだ。とはいえ、意識してコミュニケーションしていれば、最終的にはどちらかの仮説を支持する証拠のほうが多いと判断できる。このように「真実バイアス」と「初頭効果」の影響力をできるだけ弱めれば、ネットで詐欺にあわずにすむ。

魅力に関していえば「比較」は重要な役割をはたす。並んで二人の人間が立っていれば、その二人を比較するだろう。ところが、**比較対象となる第二の人物がいない場合、人は、相手と「理想の人物」を比べてしまう。**ネットであなたと交流している人は、いわば単独行動をしているため、あなたは自分の「理想の人」と相手をつい比べてしまう。そしてしだいに自分の「理想の人」を、ネットで交流している相手とダブらせて考えるようになる。こうして人は「なりすまし」の被害にあいやすくなるのだ。

ネット特有の「自己開示しやすくなる危険」

インターネットで知りあった相手と信頼関係を築きたいと思っても、スカイプなどの映像を利用しない場合、テキストの送受信のみに頼ることになる。すると、現実世界で顔と顔をあわせて交流をはかる場合とは異なり、活用できるテクニックに限りが生じる。

前述したように、信頼関係を築くための強力なテクニックは、まず共通点を見つけることだ。ところがオンラインでこのテクニックを活用したければ、自分の個人情報をある程度、相手に開示しなければならない。本来、個人情報の開示も、相手と心を通わせるための強力なテクニックだ。ところが、**ネット上のコミュニケーションはたいてい匿名であるため、現実世界で知りあった場合よりも早い時点で、より多くの情報を開示しがちだ。**というのも、そうした書き込みをした場合、受け手がそうした情報を受け入れているか、あるいは拒否しているかを、態度やしぐさや口調から判断することができないからだ。

一方、実際に顔を見ながら話している相手が、自分の話を拒否するようなシグナルを送ってくれれば、あなたはすぐに情報の開示をやめる。これが、オンラインではできない。だから**ネットでは、デリケートな個人情報を開示しやすくなる。**すると、個人情報をいっそう漏らしやすくなり、信頼関係を築くうえで欠かせないステップを踏むことなく、相手との関係を深めてしまう。現実に顔をあわせていれば、ゆっくりと少しずつ情報を明かし、そのつど態度やしぐさ、口調などで、相手の反応を確認できる。付き合いが浅いうちに、二人の関係がうまくいかないことがわかった場合は、相手と距離を置けばいい。そうすれば個人情報を明かしすぎて弱みを握られずにすむ。ところがオンラインの世界では、この重要な段階を踏むことができないため、「なりすまし」の被害にあいやすくなる。

スパイをスカウトする際にも、似たような道筋をたどる。スパイは身だしなみをきちんとしなければならない。スカウト相手を説得するために必要なステップは、友人や恋人をつくる際のステップとよく似ている。ときには作戦が急を要したこともあったが、事を急げばたいてい失敗した。信頼関係を築くために必要な手順を踏まなかったからだ。特に、最初の手順は欠かせない。**あまりにも性急に個人情報を開示すると、相手は警戒する。**そして、あなたとの接触を絶つかもしれない。関係を発展させるスピードが速すぎても遅すぎてもいけない。ネットでは、心の準備がととのわないうちに親しくなろうと焦り、個人情報をあわてて開示しがちだが、それではあまりにも無防備だ。

「感情の投資」で関係が切れなくなる

インターネットで知りあった相手との関係が長くなるにつれ、人はその関係を継続しようとする。その関係に、「感情の投資」をしているからだ。良好な関係だから継続しているのではなく、あまりにも多くの時間をつぎこんでしまったため、今さら関係を絶つ気になれないのだ。そのうえ、長い時間を過ごした相手にはデリケートな個人情報を大量に漏らしているため、弱みを握られている。その結果、関係を絶つわけにいかなくなる。こうした立場にならないようにするには、自分で意識するしかない。

「感情の投資」を利用した値下げ交渉

高額商品を購入する際にも、この「感情の投資」を利用できる。たとえば、新車の購入を検討しているとしよう。まず、あなたは販売店で欲しい車を見つける。そして販売員に「適正な価格まで下げてくれれば、今日この車を買う」と伝える。そして小切手帳をとり出し、そこに日付とディーラーの名前を書く。そして販売員に、あとはあなたが値下げ額を決めるだけで商談成立だから、この小切手にサインをするよ、と告げる。すると、あなたが新車購入を真剣に検討しているというメッセージが販売員に伝わる。あなたは自分の出せる金額を伝え、販売員の返事を待てばいい。

あるとき、私はこのテクニックを使い、8時間も交渉を続けたことがある！　勤務時間も終わりに近づいた頃となり、ついにその女性販売員は根負けした。彼女は私との交渉に8時間も費やしたことを考慮し、このまま車を販売せずに終われば、自分の1日が無駄になると考えたのだ。これまでの時間を他の客に割いていれば、成約までこぎつけられたのにと業を煮やしたかもしれない。こうして「感情の投資」を考慮した結果、私が提示したとんでもない安値に、彼女は応ずることにした。さもなければ彼女は、交渉に失敗したという挫折感を味わわねばならなかっただろう。

「認知的不協和」でニセモノが見えなくなる場合

認知的不協和とは、二つ以上の矛盾する考えが胸のうちに生じ、不快感を覚えることを指す。たとえばネットで知りあった相手との交流をやめるべきだと頭では理解していても、ついそのまま交流を続けてしまうことがある。相手が「なりすまし」である場合、あなたの中で認知的不協和が生じるが、脳がその状態を嫌がるため、相手が「なりすまし」ではないと信じようとして、そのまま交流を続けようとする。

あなたが自分のことを「知識も分別もある立派な大人」だと思っているとしよう。ところがあなたは、出会い系サイトで知りあった相手に好意を寄せ、ずっと交流を続けている。その場合、自分が「なりすまし」の被害にあっていることを認めれば、あなたは「だまされやすい世間知らずの人間」であることになってしまう。**すると認知的不協和が生じ、不快感を覚えるので、出会い系サイトで知りあった相手がニセモノだという考えを追い払おうとする**のだ。

ノートルダム大学のフットボールの選手、マンタイ・テオは、こうしたオンラインの捕食者のえじきとなり、認知的不協和に苦しんだ。彼はそのときの気持ちをこう表現している。「こうして話すことさえ恥ずかしくていたたまれない気持ちです。でも、オンラインで交流を続けるうちに、僕は会ったことのない女性にすっかり夢中になってしまいました。ネットや電話で連絡をとるうちに、本物の恋愛関係にあると思い込み、彼女のことを心から思いやるようになっていたんです。だけど、それは胸の悪くなるようなジョークだった。なにもかもがウソだったのだとわかったときには……つらかったし、屈辱に打ちのめされました。今思えば、もっと慎重になり、警戒すべきでした。この件で、僕は大きな教訓を得ました。みなさんも、オンラインで知りあった相手と親睦を深めるときには、どうか僕のことを思い出し、用心してください」

「なりすまし」を見やぶるには

「なりすまし」の被害にあいたくなければ、オンラインで知りあった相手を現実世界に引っ張り出そう。そして、本書で詳しく説明してきたしぐさや態度のシグナルを察知し、オンラインでの姿と現実の姿に矛盾がないかどうか、よく確認しよう。そして、パソコンの画面で見ていたときと、「昼間の光」で見たとき、どちらの姿にも好感をもてるか検証しよう。あなたのもっている情報は、態度やしぐさを実際に確認できていないため、**自分が**

不利な立場にあることを自覚してほしい。この時点で「競合仮説」を立てておけば、やみくもに相手を信じ込んでしまうリスクを回避できる。

現実世界で実際に相手に会い、自分の目で確認するまでは「もしかすると、なりすましの被害にあっているかもしれない」と常に自戒し、**信頼関係を築く前に、できるだけ早い時点で「実際に会いましょう」と、相手に主張しよう。**そして実際に会うときには、人が大勢いる公的な場所で顔をあわせることだ。ひとりぼっちで会い、身の危険を感じてはならない。また双方が気まずい思いをせずにすむよう、コーヒーショップやレストランでのランチなど、会って話す時間を短く設定しておくことも大切だ。

実際に顔をあわせるのが無理な場合は、スカイプなどのサービスでビデオを利用して話したいと主張するといい。実際に会うのを嫌がる相手、あるいはスカイプなどで話すのは無理だと逃げる相手には、何か不都合なことがあると考えていい。この時点で、あなたはその相手との交流を絶つべきだ。さもなければ、危険な目にあうおそれがある。ひょっとすると、とんでもなく危険な目にあうかもしれない。

オンラインで交流をはじめたばかりの頃、「実際に顔を見ながら話したい」と相手に要求するのは、「なりすまし」の被害にあうのを防ぐ有効な手段だ。スカイプなどで相手の顔を見ながら会話ができれば、態度やしぐさなどのシグナルを見て、相手がウソをついていないかどうか見やぶる機会ができる。また実際に相手の姿を確認できれば、相手をどんどん理想化していく危険を防ぐこともできる。さらに「競合仮説」を立てれば「真実バイアス」の影響を小さくすることもできる。デリケートな個人情報を次から次へと漏らしたり、つい口車に乗り、あっという間に相手のことを信じ込んでしまったりする危険も回避できる。時間をかけて、徐々に関係を発展させていくようにすれば、「感情の投資」も減らせる。すると、相手との関係を絶ったときにこうむる感情の痛手を最小限に抑えることができる。実際に顔をあわせれば「なりすまし」を看破《かんぱ》できるうえ、インターネットを見晴らしがきく世界に変えることができるのだ。

オンラインでも素敵な出会いを

オンラインで一対一のコミュニケーションが可能になり、友人や恋人をさがし、親睦を深めるプロセスは劇的に変わった。オンラインでの交流がさかんになるにつれ、今後、社交のあり方はいっそう大きく変わっていくだろう。

本章で言及したインターネットの危険性に充分留意し、その危険を最小限にするテクニックを活用すれば、オンラインでも有意義な関係を育むことができる。適切な注意を払いつつ、常識を働かせれば、一時的な、あるいは生涯続く交友関係を築くうえで、インターネットは便利なツールだ。

とはいえ、このツールを無頓着に使い、書き込みやダウンロードしたものを慎重に扱わないでいると、相手にだまされて失望することもあるし、ときには大惨事を招きかねない。あなたがネット社会をどう利用するかによって、その価値は決まってくる。インターネットを慎重に利用し、ぜひ充実した人生を送り、豊かな人間関係を育んでもらいたい。

訳者あとがき

なにも言わず、ただ立っているだけ（あるいは座っているだけ）なのに、自分がどんな気持ちでいるかを言い当てられたら、ビックリするだろう。心を見透かされたようで、落ち着かない気分になるはずだ。

そんな芸当ができるのは超能力があるから……ではない。本書の著者、ジャック・シェーファー博士は、元ＦＢＩ特別捜査官。ＦＢＩで15年間、スパイ防止活動とテロ対策の指揮をとり、また7年間、行動分析官として人間の行動を分析してきたツワモノだ。

シェーファー博士はＦＢＩで「アメリカと敵対関係にある国の人間ですら、アメリカ側のスパイに寝返らせるテクニック」を編み出した。そして、突きつめれば「心を支配する」とは「好きになってもらい、信頼されること」に尽きる、と考えるようになった。本書で博士は、相手の本心を見抜き、好感を獲得し、こちらが願う行動を相手にとらせるテクニックを惜しげもなく披露している。どのテクニックも「科学的根拠」があるものばかりなので、納得したうえで、安心して活用することができる。

本書を読むと、私たちがふだん無意識のうちに、いかにさまざまなメッセージを送っているかがよくわかる。そうしたメッセージは、言葉だけではなく、ちょっとした表情や口調、しぐさや服装、身だしなみにもあらわれる。こうした事実を知っておけば、自分の意識を変えるのはもちろんのこと、人を観察するうえでも大いに役立つ。

また著者が指摘しているように、現代社会ではパソコンやスマートフォンの普及により、コミュニケーションをとる方法が大きく変わった。実際に友人と顔をあわせなくてもツイッターやフェイスブックで「つながる」ことができるからこそ、留意しなくてはならない点が多々ある。本書には、ネット社会を賢く生きるヒントが具体的に記されており、読者自身、また読者の家族にも有意義な内容となっている。

訳者自身は、本書で説明される〈人に好かれる公式〉〈好意シグナル〉〈敵意シグナル〉〈好感度アップの鉄則〉などが、具体的かつ明確であるうえ、実践しやすく、非常に有益であると感じた。本書を読み、「こうしたテクニックをもっと前に知っておきたかった」と思う方もあるだろう。もちろん、訳者もそのひとりだ。

ロングセラーとなった本書が、このたび文庫版として刊行されることになった。読者のみなさんが本書を活用し、人生の可能性を拡げていかれることを願っている。

二〇一九年七月

栗木さつき

ジャック・シェーファー
心理学者、ウェスタンイリノイ大学教授、諜報コンサルタント。FBIでは15年、スパイ防止活動とテロ対策の捜査官を務め、「行動分析プログラム」の行動分析官を7年務めた。現在はアメリカ本国はもとより、世界各地で講演会を行っている。

マーヴィン・カーリンズ
プリンストン大学で心理学博士号を取得。人間関係に関して国際的にコンサルティング業を展開している。著書多数。

栗木さつき（くりき・さつき）
翻訳家。慶應義塾大学経済学部卒業。訳書に『WHYから始めよ!』（日本経済新聞出版社）、『NORTH 北へ』（NHK出版）、『英語が楽天を変えた』（河出書房新社）、『バレットジャーナル 人生を変えるノート術』（ダイヤモンド社）等多数。

本作品は小社より二〇一五年一一月に刊行されました。

だいわ文庫

元《もと》FBI捜査官《そうさかん》が教《おし》える「心《こころ》を支配《しはい》する」方法《ほうほう》

著者　ジャック・シェーファー／マーヴィン・カーリンズ
訳者　栗木《くりき》さつき

二〇一九年九月一五日第一刷発行
二〇二三年五月二五日第七刷発行

発行者　佐藤 靖
発行所　大和《だいわ》書房
東京都文京区関口一―三三―四 〒一一二―〇〇一四
電話 〇三―三二〇三―四五一一

フォーマットデザイン　鈴木成一デザイン室
本文デザイン　荒井雅美（トモエキコウ）
本文印刷　シナノ
カバー印刷　山一印刷
製本　小泉製本

ISBN978-4-479-30779-2
乱丁本・落丁本はお取り替えいたします。
http://www.daiwashobo.co.jp